O ABOLICIONISMO

JOAQUIM NABUCO

O ABOLICIONISMO

Apresentação de Luiz Carlos dos Santos

Texto de acordo com a nova ortografia.

Apresentação: Luiz Carlos dos Santos
Capa: Ivan Pinheiro Machado
Preparação: L&PM Editores
Revisão: L&PM Editores

CIP-Brasil. Catalogação na publicação
Sindicato Nacional dos Editores de Livros, RJ.

N115a

Nabuco, Joaquim, 1849-1910
    O abolicionismo / Joaquim Nabuco; apresentação de Luiz Carlos dos Santos. — Porto Alegre: L&PM , 2022.
    232 p. ; 21 cm.

    ISBN 978-65-5666-239-8

    1. Escravidão - Brasil. 2. Escravos - Emancipação - Brasil. 3. Brasil - História - Abolição da escravidão, 1888. I. Santos, Luiz Carlos dos. II. Título.

22-75410   CDD: 981.04
                     CDU: 94(81).063

Meri Gleice Rodrigues de Souza - Bibliotecária - CRB-7/6439

© desta edição, L&PM Editores, 2022

Todos os direitos desta edição reservados a L&PM Editores
Rua Comendador Coruja, 314, loja 9 – Floresta – 90.220-180
Porto Alegre – RS – Brasil / Fone: 51.3225.5777

PEDIDOS & DEPTO. COMERCIAL: vendas@lpm.com.br
FALE CONOSCO: info@lpm.com.br
www.lpm.com.br

Impresso no Brasil
Verão de 2022

Sumário

APRESENTAÇÃO – A importância de Joaquim Nabuco na abolição da escravidão no Brasil 7

Sobre o autor de *O abolicionismo* 19

O ABOLICIONISMO

Prefácio 25

I. Que é o abolicionismo? A obra do presente e a do futuro 27

II. O Partido Abolicionista 33

III. O mandato da raça negra 39

IV. O caráter do movimento abolicionista 45

V. "A causa já está vencida" 51

VI. Ilusões até a independência 59

VII. Antes da lei de 1871 68

VIII. As promessas da "Lei de emancipação" 77

IX. O tráfico de africanos 87

X. Ilegalidade da escravidão 96

XI. Fundamentos gerais do abolicionismo 104

XII. A escravidão atual 109

XIII. Influência da escravidão sobre
a nacionalidade 121

XIV. Influência sobre o território e
a população do interior 129

XV. Influências sociais e políticas
da escravidão 147

XVI. Necessidade da abolição. Perigo da
demora 170

XVII. Receios e consequências. Conclusão 180

Notas 210

APRESENTAÇÃO

A IMPORTÂNCIA DE JOAQUIM NABUCO NA ABOLIÇÃO DA ESCRAVIDÃO NO BRASIL

*Luiz Carlos dos Santos**

"Tudo o que significa luta do homem com a natureza, conquista do solo para a habitação e cultura, estradas e edifícios, canaviais e cafezais, a casa do senhor e a senzala dos escravos, igrejas e escolas, alfândegas e correios, telégrafos e caminhos de ferro, academias e hospitais, tudo, absolutamente tudo que existe no país, como resultado do trabalho manual, como emprego de capital, como acumulação de riqueza, não passa de uma doação gratuita da raça que trabalha à que faz trabalhar."

Essa afirmação de Joaquim Nabuco (1849-1910) revela-nos a atualidade de sua obra e provoca em nós uma curiosidade em saber mais sobre *O abolicionismo* (publicado em 1883) e seu papel decisivo na mobilização social que culminou com a abolição do trabalho escravo no Brasil; ao mesmo tempo, sinaliza a importância do lugar que os africanos escravizados e seus descendentes têm na construção do país, que foi a maior nação escravocrata da História.

Mais de um século depois de sua morte, nunca foi tão oportuno ler ou reler *O abolicionismo*, nesses tempos em que raça, gênero e interseccionalidades estão na ordem do dia. Expressões como *racismo estrutural* substituíram outras como *democracia racial*, e a diversidade social e cultural ganha contornos de pla-

---
* Luiz Carlos dos Santos é professor, jornalista e mestre em Sociologia. Foi coordenador executivo do Núcleo de Consciência Negra da USP, editor da *Revista Afro B* do Museu Afro Brasil (SP) e membro do conselho de administração da Associação Museu Afro Brasil.

taforma política e também é esteticamente espelhada nos meios de comunicação. A diversidade está na pauta. Mas nem sempre foi assim.

No Brasil, país com mais de 55% de população negra (incluindo aí pretos e pardos), vivemos em pleno século XXI uma realidade muito próxima daquela narrada por Nabuco na segunda metade do século XIX, quando a liberdade tinha preço e cor, e sua comercialização se dava gradualmente por meio de leis que não eram respeitadas. Mas, sobre tudo isso, de uma forma ou de outra, nós já ouvimos falar ou estudamos nas aulas de História, embora a importância da Lei Feijó (de 7 de novembro de 1831, que abolia a importação de escravos), da Lei Eusébio de Queirós (de 1850, que proibia o tráfico de escravos), da Lei do Ventre Livre (de 1871, que considerava livre todos os filhos de mulher escrava nascidos a partir da data da lei), da Lei dos Sexagenários (de 1885, que garantia a liberdade aos escravos com sessenta anos ou mais e que deveriam ser indenizados pelos seus proprietários) e, por fim, da Lei Áurea (de 1888, que extinguiu a escravidão) tenha ficado restrita às notas que tiramos nas provas. São resíduos da história em nossa memória.

O ABOLICIONISMO

Esta nova edição de *O abolicionismo*, do advogado, jornalista e diplomata pernambucano Joaquim Nabuco, é oportuna por ser o texto profundamente atual. Sua leitura, para muitos, e releitura, para outros tantos, nos coloca diante do espelho nacional. Publicado em 1883, cinco anos antes da abolição da escravidão e seis antes da proclamação da República, revela-nos um quadro político e social por demais conhecido, seja pela atuação dos representantes eleitos do povo, seja pela divisão da população, pela flexibilidade dos agentes da lei no seu cumprimento ou pela recorrente hipocrisia das elites do país.

De alguma forma, Nabuco identifica, na segunda metade do século XIX, os vícios e as estratégias que as elites econômicas do país – das quais ele mesmo fazia parte – forjaram, ao longo da escravidão, para se perpetuarem no poder sob qualquer regime político. Atravessaram todo o período do Brasil colônia, adequaram-se ao governo imperial e se atualizaram com a república, sempre acreditando que "o poder é o poder" – uma frase que resumia a sabedoria de todos os nossos homens públicos, como afirmava Nabuco.

Os dezessete capítulos d'*O abolicionismo* são didáticos e ajudam a mapear de forma primorosa o pensamento da elite escravocrata, em contato com as ideias liberais burguesas surgidas no século XVIII e ampliadas nos séculos seguintes, em contraponto com os abolicionistas fora e dentro do Brasil. A escravidão, como sabemos, foi utilizada largamente na Europa e na América; logo, o combate a ela e as citações feitas por Nabuco ao defender a abolição da escravidão no Brasil não se furtaram em apresentar as opiniões de abolicionistas de países como Inglaterra e Estados Unidos, demonstrando assim o caráter internacionalista do movimento que, internamente, já mobilizava mais de duas centenas de organizações, espalhadas por todo o país, que lutavam em frentes diversas pelo fim da escravidão.

Os capítulos são iniciados por citações libertárias, escolhidas pelo autor como uma ponte que liga o pensamento abolicionista europeu, estadunidense e brasileiro e, ao mesmo tempo, serve como argumento legítimo para consolidar a luta pela libertação dos africanos escravizados, considerando a experiência de luta contra a escravidão vivida por abolicionistas de outros países e daqui.

A definição do que é o abolicionismo e a compreensão de importância no tempo e no espaço abrem caminhos para uma interpretação de como e quando a luta pela abolição da escravidão ganha corações e mentes de jovens aristocratas. Essas visões de mundo contagiam, no caso brasileiro, como assinala Nabuco, a muitos homens, independentemente do que pensam seus partidos políticos. Compõem a causa que ele chama de "o Mandato da Raça Negra", que universaliza os interesses tanto de liberais, conservadores, quanto de republicanos, se caracterizando como um movimento abolicionista que procurava conciliar os interesses de raça e classe.

A consciência de a abolição ser uma causa justa dava como certa sua vitória. Nabuco também alerta contra as ilusões de emancipação forjadas até a independência do Brasil por meio de acordos e das leis criadas antes de 1871 (e não respeitados). Ele apresenta ainda um ponto de vista importante sobre as promessas da lei de emancipação, conhecida como a Lei do Ventre Livre. No capítulo 9, o autor analisa em que condições se dava o tráfico de africanos, buscando em Castro Alves a inspiração inicial, nos versos da poesia "Tragédia no mar", além de discutir os principais entraves envolvendo a questão legal do tráfico e suas consequências na vida econômica do campo.

A ilegalidade da escravidão, os fundamentos gerais do abolicionismo, a escravidão então atual e a influência da escravidão sobre a nacionalidade, o território e a população do interior são temas de outros capítulos que informam como se constitui a história das relações sociais no Brasil escravocrata e nos permitem perceber a complexidade que este contexto expressa. O autor lança mão de exemplos de países como os Estados Unidos e a Austrália para mostrar, através de uma análise comparativa, como a escravidão no Brasil trouxe atraso tanto para o território quanto para a população. Pontua as influências sociais e políticas da escravidão, destacando seu alcance; além de reconhecer a necessidade da abolição e alertar sobre o perigo da sua demora, examinando os receios e as consequências que provocava.

Nabuco conclui seu livro afirmando que "abolicionistas são todos os que confiam num Brasil sem escravos; os que predizem os milagres do trabalho livre, os que sofrem a escravidão como uma vassalagem odiosa imposta por alguns, e no interesse de alguns, à nação toda, os que já sufocaram nesse ar mefítico, que escravos e senhores respiram livremente; os que não acreditam que o brasileiro, perdida a escravidão, deite-se para morrer, como o romano do tempo dos césares, porque perdera a liberdade".

Reflexos atuais do nosso passado escravocrata e Nabuco hoje

E o que podemos ainda hoje constatar? São inúmeras as mortes de jovens negros, com idades entre 16 e 26 anos, que ocorrem sistematicamente nas periferias das grandes cidades brasileiras causadas por agentes do Estado e suas balas perdidas e que, noticiadas diariamente, são naturalizadas, assim como ocorria com os negros escravizados cuja idade média de vida era de 26 anos no tempo do Império.

Ontem como hoje, o cumprimento das leis entre nós é seletivo e racializado. Se, no século em que todas as grandes nações escravistas já tinham se livrado desse crime contra a humanidade e pressionavam o governo brasileiro a fazer o mesmo, os abolicionistas travaram luta incansável, durante muito tempo, para que as leis contra a escravidão fossem cumpridas, como será que são aplicadas hoje pela justiça do país as legislações como a Lei Afonso Arinos (de 1951, que passou a considerar contravenção penal a prática de preconceito de raça e de cor) e a Lei Caó (de 1985, que trata o racismo como crime inafiançável)? Por que isso ainda acontece?

Ora, os quase quatrocentos anos de escravidão no Brasil forjaram um éthos, ou seja, constituíram aquilo que é próprio, particular a um povo, a uma cultura e sociedade em determinada região e época, contaminando, inclusive, o comportamento afetivo e intelectual dos grupos sociais. Mais ou menos como se fosse o nosso DNA social. A nossa experiência histórica com a escravidão foi maior do que a que temos com a liberdade, e as marcas daquele tempo ainda estão presentes nas instituições e pessoas. É nesse contexto que a luta por liberdade se impõe. Visto como um movimento de dimensão internacional, preocupado com os direitos humanos, já no século que evidenciou o romantismo e o realismo como forma de expressão dos indivíduos e de seu tempo, o abolicionismo encontrou, entre nós, brasileiros – vivendo ainda sob o regime da escravidão –, terra fértil. Foi também ao encontro daqueles que, como o baiano Luiz Gama (1830-1882), conhecido como precursor do movimento, e o farmacêutico e jornalista fluminense José do Patrocínio (1853-1905), ambos negros, lutavam com as letras e com as leis pela libertação de africanos ilegalmente escravizados, pois consideravam a Lei Feijó (que abolia a importação de escravos), fundamental para o combate a escravidão.

Como pensavam e agiam os homens brancos brasileiros diante da escravidão? Ou melhor, quem eram esses homens e como lutavam pelo que acreditavam? *O abolicionismo* procura responder a essas e outras questões, retratando a situação e as contradições vivenciadas na luta pela liberdade, ainda que a escravidão fosse ilegal para mais de um milhão e quinhentas mil pessoas colocadas nessa posição/situação na segunda metade do século XIX – ilegal em função das leis Feijó (1831) e Eusébio de Queirós (1850), como já assinalamos.

Estamos acostumados a ouvir expressões como "o Brasil é uma Democracia racial", ou "é um país de mestiços", "é o maior país de população negra fora da África", ou ainda, "aqui não tem preconceito"? Sim, estamos. Ouvimos também que entre nós existem leis que "pegam", outras que não "pegam" e que muitas são feitas para inglês ver. Essas máximas tão populares, consagradas pelo senso comum, estão na origem da nossa história, e a tradição oral parece consolidar tais expressões como verdades.

Nabuco procura nos mostrar a complexidade que está na origem dessas expressões.

Ouvimos e repetimos sem nos perguntar de onde tudo isso vem, por que está gravado em nós e como interfere no nosso modo de viver. Nem sempre percebemos a função dessas máximas em nossa formação, o que muitas vezes não nos deixa ver que a luta pela liberdade e pelo estabelecimento da verdade é uma coisa só: um ideal romântico que, descolado da realidade, inspira os homens de boa vontade, no caso brasileiros, brancos ou negros, a se empenharem com ações políticas, partidárias ou não, como fizeram os abolicionistas contra a escravidão.

A leitura deste livro força aproximações temporais curiosas (aliás, como sempre acontece), em situações em que liberdade e escravidão se confrontam. É um verdadeiro túnel do tempo. Como seria então quando esse confronto se dá durante séculos, violentando milhões de vidas, em benefício de milhares de outras, em razão da linha tênue da cor da pele e garantido pela pusilanimidade dos que teriam que respeitar o cumprimento da lei?

Nabuco procura detalhar o cotidiano da escravidão urbana e rural, expondo as formas de controle e opressão que os senhores de escravos, fossem eles padres, fazendeiros ou políticos, exerciam tanto nas relações pessoais quanto no comércio de pessoas; expõe também as relações dos escravizados entre si. Faz isso valendo-se de conhecimento legal, competência como articulador político e um bom trânsito nas diversas frentes que compõem o movimento abolicionista, apesar de ter vivido bastante tempo fora do país.

O autor nos apresenta uma solução para essas questões que procura contemplar, considerando os princípios humanitários, já largamente conhecidos e defendidos na segunda metade do século XIX, moral e concretamente pelos dois lados envolvidos na questão: os africanos ilegalmente escravizados junto com os abolicionistas e os interesses dos escravocratas.

Temos, diante de nós, uma obra que vai fundo na complexa relação entre escravidão e liberdade no Brasil e nos mostra a singular construção histórica forjada nesse contexto. Construção histórica que escamoteou soluções acima das leis para garantir a manutenção e os privilégios dos escravocratas e, ao mesmo tempo, que impermeabilizava a escravidão, invisibilizando socialmente mais de um milhão de africanos escravizados. Fez isso através de uma graduação de leis que criou lugares de negros no país, escravizados ou livres; ou seja, a Lei do Ventre Livre e sua relação com a situação dos menores abandonados, a Lei dos Sexagenários e o abandono ao qual eram relegados os escravos com mais de sessenta anos, idade a que poucos conseguiam chegar, e, por fim, a Lei Áurea, a que pôs fim à escravidão sem garantir condições mínimas de sobrevivência aos libertos. (O movimento negro brasileiro costuma afirmar que a Princesa Isabel assinou a Lei Áurea, mas esqueceu de assinar a carteira de trabalho do liberto.)

Por outro lado, cabe destacar que abolicionistas como Antônio Rebouças (1839-1874) e José do Patrocínio, ambos negros, tinham projetos para integrar os libertos à sociedade livre por meio da educação, mas, no entanto, não conseguiram apoio governamental para realizá-los. Alguns desses projetos foram executados pela Frente Negra Brasileira, na primeira metade do século XX, em São Paulo. Essa experiência possibilitou a abertura de escolas para crianças negras e também para filhos de imigrantes italianos. Mas voltemos ao *Abolicionismo*.

Em seu livro, publicado às vésperas da abolição, Nabuco antecipa a importância das relações sociais desenvolvidas ao longo dos quase quatro séculos de escravidão e como elas contaminam a nossa formação econômica e política até hoje.

Outra forte referência abordada na obra é a recorrente comparação que se faz entre a escravidão nos Estados Unidos e Brasil. Nabuco aponta singularidades que marcam aqui e lá as lutas pela liberdade e até mesmo como as respectivas sociedades encararam a escravidão. Procura similaridades no comércio da mão de obra escrava, descrevendo eventos que ocorrem nos dois universos, destacando, no caso estadunidense, as diferenças entre os estados do sul e do norte, bem como o papel importante das lutas pela abolição da escravidão naquele país.

Não podemos, por outro lado, esquecer do que está acontecendo no cenário político e econômico europeu, nesse período; as duas revoluções burguesas, a industrial e a francesa, impulsionam a luta contra a escravidão, referendadas pelos ideais de Liberdade, Igualdade e Fraternidade, pautados pelos revolucionários e abraçados por idealistas do mundo todo a partir da segunda metade do século XVIII.

Essas duas transformações sociais na Europa e mais a Revolução Haitiana (1791-1804), a primeira revolução de escravos vitoriosa na história da humanidade, consagraram de vez as novas relações sociais de produção capitalistas e introduziram um novo personagem não branco – os escravos insurgentes do Haiti – no xadrez das lutas pela liberdade e direitos iguais para os homens. A partir de então, a escravidão e tudo o que ela representava seriam combatidos por reproduzir um modo de vida superado e que deve ser abolido.

No Brasil, no entanto, apesar de todas as pressões, o trabalho de africanos escravizados é o que garantia a sobrevida dos escravocratas e também dos traficantes, como bem descreve Nabuco; as notícias que chegam da Europa sobre a emancipação da mão de obra escrava não são vistas com bons olhos pela elite brasileira.

Ao esmiuçar como se dão as relações entre escravocratas e escravos, bem como o cumprimento das leis, Nabuco fornece argumentos pioneiros para a compreensão, tanto naqueles como em nossos dias, do significado estruturante do legado da escravidão para a sociedade brasileira. E arriscamos dizer que ele apresenta subsídios fundadores do que ficou conhecido, durante muito tempo, como democracia racial no país, configurada, cinquenta anos depois, com o trabalho de Gilberto Freyre, *Casa grande & senzala*, publicado em 1933.

As diversas leituras e interpretações feitas sobre as obras desses dois autores, entre outros, consagraram, em maior ou menor proporção, a visão de mundo das elites brasileiras sobre o que foi a escravidão e quem eram os escravos. Leituras mais recentes apontam para interpretações que avançam em termos de compreensão pró e contra as contribuições que obras como *O abolicionismo* continuam trazendo na história da humanidade, principalmente, em um contexto social que retoma valores socioculturais como racismo, machismo e individualismo, comuns nas sociedades escravistas e patriarcais dos séculos XVIII e XIX, e combatidos ao longo do século XX.

É possível identificar em todos os capítulos de *O abolicionismo* não só a visão de classe do autor, mas também sua ousadia em superá-la, engajando-se na luta pela emancipação dos africanos ilegalmente escravizados, consciente de ser essa a única saída civilizatória para o país, ao mesmo tempo em que procura convencer a elite escravocrata do avanço que a abolição da escravidão representaria.

Durante muito tempo, a historiografia oficial não deu a importância devida ao movimento abolicionista e destacou as disputas políticas entre o governo imperial e os escravistas, intermediadas pelo gradualismo legal que procurava acabar, aos poucos, com o trabalho escravo. No entanto, as articulações desenvolvidas pelas frentes de luta dos abolicionistas, fosse na imprensa, nas ruas, na maçonaria e mesmo nas relações internacionais, foram decisivas no processo de abolição do trabalho escravo no Brasil, tendo em uma das suas frentes Joaquim Nabuco.

A compreensão do que significa uma reinterpretação de *O abolicionismo*, considerando as novas narrativas que vêm se constituindo nos tempos que correm, ressignificando protagonismos que polemizam com o pensamento conservador, pode abrir novos caminhos que reinstaurem um abolicionismo de cara nova. Agora voltando seu olhar para as prisões e os presos do mundo todo e, de novo, indo de encontro aos sistemas penais.

Embora existam muitas pontas que ligam as diversas sociedades que exploraram o trabalho escravo, a singularidade perversa que marca até hoje as relações sociais brasileiras reforça o que se dizia entre nós, "a escravidão é suave, os senhores são bons". "A verdade, porém, é que toda a escravidão é a mesma, e quanto à bondade dos senhores esta não passa da resignação dos escravos", bem completou o autor.

A canção "Morro velho", de Milton Nascimento, da qual apresentamos alguns versos a seguir, é o que se pode chamar de obra aberta. Ela exemplifica um romantismo saudoso e trágico que ao mesmo tempo anuncia e denuncia mudanças que parecem congelar o lugar de negro e de branco na sociedade brasileira, embora muitos, ao ouvirem a canção, se emocionem e sintam uma impertinente saudade da infância, ou de um passado, por alguma razão, triste ou, simplesmente, desconhecido.

> Filho do branco e do preto, correndo pela estrada
> [atrás de passarinho
> Pela plantação adentro, crescendo os dois meninos,
> [sempre pequeninos
> Peixe bom dá no riacho de água tão limpinha, dá pro
> [fundo ver
> Orgulhoso camarada, conta histórias pra moçada
> Filho do senhor vai embora, tempo de estudos na
> [cidade grande
> Parte, tem os olhos tristes, deixando o companheiro
> [na estação distante

Não esqueça, amigo, eu vou voltar, some longe o
[trenzinho ao deus-dará
Quando volta já é outro, trouxe até sinhá mocinha
[pra apresentar
Linda como a luz da lua que em lugar nenhum
[rebrilha como lá
Já tem nome de doutor, e agora na fazenda é quem
[vai mandar
E seu velho camarada, já não brinca, mas trabalha.

Mas, ao reler as estrofes da canção, percebemos que o sentido pode ser outro, para além das nossas emoções primeiras. O lugar de classe dos personagens está, sem dúvidas, marcado. Decantemos, pois, cada um dos versos e os confrontemos com a leitura que está por vir, considerando a atualidade desta obra de um dos mais importantes abolicionistas do Brasil.

É importante destacar que a leitura deste livro recoloca para nós o verdadeiro sentido de expressões como "ele é um homem do seu tempo", que estamos muito acostumados a ouvir e que servem para justificar posições e comportamentos políticos polêmicos adotados por personalidades de uma determinada época. A postura de Nabuco e de seus colegas abolicionistas desmentem esse chavão e nos convidam a uma outra ordem de reflexão.

SOBRE O AUTOR DE
O ABOLICIONISMO

"A escravidão permanecerá por muito tempo como a característica nacional do Brasil."

Um dos nomes mais importantes do movimento abolicionista brasileiro foi, sem dúvida, o pernambucano Joaquim Aurélio Barreto Nabuco de Araújo, autor da afirmação acima. Vindo de uma família de importantes políticos da província de Pernambuco, era filho do senador José Tomás Nabuco de Araújo e de Ana Benigna Barreto Nabuco de Araújo; Joaquim recebeu este nome por ter vindo ao mundo no dia do santo padroeiro de sua mãe. Ele nasceu no dia 19 de agosto de 1849, na cidade de Recife. Passou os oito primeiros anos da sua infância no engenho Massangana, sob os cuidados de seus padrinhos. Foi dessa experiência que veio boa parte de suas memórias sobre o convívio com os africanos escravizados, bem como sua formação religiosa.

Após a morte de sua madrinha, dona Ana Rosa, ele foi levado para morar com os pais no Rio de Janeiro onde estudou humanidades no Colégio Pedro II, bacharelando-se em Letras. Em 1865, foi para São Paulo e lá iniciou os três primeiros anos do curso de Direito, concluindo seus estudos no Recife, em 1870. Neste mesmo ano, ele defendeu um escravo acusado de duplo homicídio e redigiu *A escravidão*, trabalho publicado depois de sua morte. Em 1872, Nabuco publica *Camões e os Lusíadas*.

Entre os anos de 1876 e 1879, passou a fazer parte do corpo diplomático, como adido de primeira classe em Londres e, posteriormente, em Washington. Na política interna brasileira, foi eleito deputado por sua província e, por isso, voltou a morar no Rio de Janeiro. Sua presença na Câmara foi marcada pela campanha abolicionista, chegando a organizar, em sua casa, a Sociedade Brasileira contra a Escravidão, em 1880.

Nos anos de 1882 e 1883, Nabuco foi derrotado nas eleições e, desiludido com a política, foi para a Europa. Em Londres, escreveu *O abolicionismo*, obra que foi concluída cinco anos antes da abolição da escravidão no Brasil.

Entre 1885 e 1888, retomou a vida política, assumindo um novo mandato como deputado. Nesse período, viu concluída sua luta pela abolição da escravidão, com a proclamação de maio de 1888. Advogado, político, jornalista, diplomata e um dos fundadores da Academia Brasileira de Letras (1896), ao lado de Machado de Assis, de quem era grande amigo, Joaquim Nabuco foi uma das lideranças políticas mais atuantes na campanha abolicionista, ainda que suas posições estratégicas para o movimento recebessem críticas de outras lideranças mais radicais, como o jornalista e poeta Luiz Gama, que via na atuação de Nabuco um certo gradualismo e a restrição à participação de africanos escravizados na luta pela abolição.

Com a proclamação da República em novembro de 1889, a vida política do atuante abolicionista sofreu mudanças significativas. Isso porque, diferentemente de seus colegas que se engajaram diretamente no governo republicano, como Ruy Barbosa, Nabuco passa a defender abertamente a monarquia, não cedendo aos apelos dos novos chefes de Estado para que retomasse a vida diplomática. Nos primeiros anos da experiência republicana, retirou-se da vida pública, mantendo suas atividades vinculadas ao jornalismo e ao direito, além de dedicar-se aos estudos e à elaboração de suas obras. *Porque sou monarquista,*

O dever dos monarquistas, *Balmaceda* (sobre a guerra civil no Chile), *A intervenção estrangeira na Revolta de 1893* e *Um estadista no Império: Nabuco de Araújo* são algumas de suas publicações que não escondem de que lado ficou após a proclamação da República.

Foi ainda em 1889 que Nabuco casou-se com Evelina Torres Soares Ribeiro, filha do Barão de Inhoã, um fazendeiro do Rio de janeiro, com quem teve cinco filhos: Maria Carolina, Maurício, Joaquim, Maria Ana e José Tomáz.

Em 1900, Joaquim Nabuco publica o livro *Minha formação*, no qual escreveu sobre suas memórias e deixou transparecer as contradições que viveu por sua formação familiar escravocrata e sua opção de luta pela abolição da escravidão, como se percebe no trecho a seguir, extraído do livro de memórias:

> Tenho convicção de que a raça negra por um plebiscito sincero e verdadeiro teria desistido de sua liberdade para poupar o menor desgosto aos que se interessavam por ela, e que no fundo, quando ela pensa na madrugada de 15 de novembro (data da proclamação da República), lamenta ainda um pouco o seu 13 de maio.

No ano seguinte, 1901, Nabuco retoma sua vida na diplomacia e se torna embaixador do Brasil em Londres. Quatro anos depois, passa a representar o país em Washington, onde gozava de prestígio entre autoridades estadunidenses. Em 1906, presidiu a Terceira Conferência Pan-Americana, na qual defendeu a aproximação dos países do continente. Em decorrência de uma doença hematológica, Joaquim Nabuco faleceu em 1910, em Washington, e foi enterrado em Recife, sua terra natal.

Luiz Carlos dos Santos

O ABOLICIONISMO

Prefácio

Já existe, felizmente, em nosso país, uma consciência nacional – em formação, é certo – que vai introduzindo o elemento da dignidade humana em nossa legislação, e para a qual a escravidão, apesar de hereditária, é uma verdadeira mancha de Caim, que o Brasil traz na fronte. Essa consciência, que está temperando a nossa alma, e há de por fim humanizá-la, resulta da mistura de duas correntes diversas: o arrependimento dos descendentes de senhores e a afinidade de sofrimento dos herdeiros de escravos.

Não tenho, portanto, medo de que o presente volume não encontre o acolhimento que eu espero por parte de um número bastante considerável de compatriotas meus, a saber: os que sentem a dor do escravo como se fora própria e, ainda mais, como parte de uma dor maior – a do Brasil, ultrajado e humilhado; os que têm a altivez de pensar – e a coragem de aceitar as consequências desse pensamento – que a pátria, como a mãe, quando não existe para os filhos mais infelizes, não existe para os mais dignos; aqueles para quem a escravidão, degradação sistemática da natureza humana por interesses mercenários e egoístas, se não é infamante para o homem educado e feliz que a inflige, não pode sê-lo para o ente desfigurado e oprimido que a sofre; por fim, os que conhecem as influências sobre o nosso país daquela instituição no passado, e, no presente, o seu custo ruinoso, e preveem os efeitos da sua continuação indefinida.

Possa ser bem aceita por eles esta lembrança de um correligionário ausente, mandada do exterior, donde se ama ainda mais a pátria do que no próprio país – pela contingência de não tornar a vê-la, pelo trabalho constante da imaginação e pela saudade que Garrett nunca teria pintado ao vivo se não tivesse sentido a nostalgia – e onde o patriotismo, por isso mesmo que o Brasil é visto como um todo no qual homens e partidos, amigos e adversários se confundem na superfície alumiada pelo sol dos trópicos, parece mais largo, generoso e tolerante.

Quanto a mim, julgar-me-ei mais do que recompensado se as sementes de liberdade, direito e justiça, que estas páginas contêm, derem uma boa colheita no solo ainda virgem da nova geração; e se este livro concorrer, unindo em uma só legião os abolicionistas brasileiros, para apressar, ainda que seja de uma hora, o dia em que vejamos a independência completada pela abolição, e o Brasil elevado à dignidade de país livre, como o foi em 1822 à de nação soberana, perante a América e o mundo.

Londres, 8 de abril de 1883.

Joaquim Nabuco

I

QUE É O ABOLICIONISMO?
A OBRA DO PRESENTE E A DO FUTURO

"Uma pátria respeitada, não tanto pela grandeza do seu território como pela união de seus filhos; não tanto pelas leis escritas, como pela convicção da honestidade e justiça do seu governo; não tanto pelas instituições deste ou daquele molde, como pela prova real de que essas instituições favorecem, ou, quando menos, não contrariam a liberdade e desenvolvimento da nação."

Evaristo Ferreira da Veiga

Não há muito que se fala no Brasil em Abolicionismo e Partido Abolicionista. A ideia de suprimir a escravidão, libertando os escravos existentes, sucedeu à ideia de suprimir a escravidão, entregando-lhe o milhão e meio de homens de que ela se achava de posse em 1871 e deixando-a acabar com eles. Foi na legislatura de 1879-1880 que, pela primeira vez, se viu dentro e fora do Parlamento um grupo de homens fazer da *emancipação dos escravos,* não da limitação do cativeiro às gerações atuais, a sua bandeira política, a condição preliminar da sua adesão a qualquer dos partidos.

A história das oposições que a escravidão encontrara até então pode ser resumida em poucas palavras. No período anterior à independência e nos primeiros anos subsequentes, houve, na geração trabalhada pelas ideias liberais do começo do século, um certo desassossego de consciência pela necessidade em que ela se viu de realizar a emancipação nacional, deixando grande parte da população em cativeiro pessoal. Os acontecimentos políticos, porém, absorviam a atenção do povo, e, com a revolução de 7 de abril de 1831, começou um período de excitação que durou até a maioridade. Foi somente no Segundo Reinado que o progresso dos costumes públicos tornou possível a primeira resistência séria à escravidão. Antes de 1840 o Brasil é presa do tráfico de africanos; o estado do país é fielmente representado pela pintura do mercado de escravos no Valongo. A primeira oposição nacional à escravidão foi promovida tão somente contra o tráfico. Pretendia-se suprimir a escravidão lentamente, proibindo a importação de novos escravos. À vista da espantosa mortalidade dessa classe, dizia-se que a escravatura, uma vez extinto o viveiro inesgotável da África, iria sendo progressivamente diminuída pela morte, apesar dos nascimentos.

Acabada a importação de africanos pela energia e decisão de Eusébio de Queirós, e pela vontade tenaz do imperador – o qual chegou a dizer em despacho que preferia perder a coroa a consentir na continuação do tráfico – seguiu-se à deportação dos traficantes e à lei de 4 de setembro de 1850 uma calmaria profunda. Esse período de cansaço, ou de satisfação pela obra realizada – em todo o caso de indiferença absoluta pela sorte da população escrava –, durou até depois da guerra do Paraguai, quando a escravidão teve que dar e perder outra batalha. Essa segunda oposição que a escravidão sofreu, como também a primeira, não foi um ataque ao acampamento do inimigo para tirar-lhe os prisioneiros, mas uma limitação apenas do território sujeito às suas correrias e depredações.

Com efeito, no fim de uma crise política permanente, que durou de 1866 até 1871, foi promulgada a lei de 28 de setembro, a qual respeitou o princípio da inviolabilidade do domínio do senhor sobre o escravo, e não ousou penetrar, como se fora um local sagrado, interdito ao próprio Estado, nos *ergástulos* agrários; e de novo, a esse esforço, de um organismo debilitado para minorar a medo as consequências da gangrena que o invadia, sucedeu outra calmaria da opinião, outra época de indiferença pela sorte do escravo, durante a qual o governo pôde mesmo esquecer-se de cumprir a lei que havia feito passar.

Foi somente oito anos depois que essa apatia começou a ser modificada e se levantou uma terceira oposição à escravidão; desta vez, não contra os seus interesses de expansão, como era o tráfico, ou as suas esperanças, como a fecundidade da mulher escrava, mas diretamente contra as suas posses, contra a legalidade e a legitimidade dos seus *direitos,* contra o escândalo da sua existência em um país civilizado e a sua perspectiva de embrutecer o *ingênuo* na mesma senzala onde embrutecera o escravo.

Em 1850, queria-se suprimir a escravidão, acabando com o tráfico; em 1871, libertando desde o berço, mas de fato depois dos vinte e um anos de idade, os filhos de escrava ainda por nascer. Hoje quer-se suprimi-la, emancipando os escravos em massa e resgatando os *ingênuos* da servidão da lei de 28 de setembro. É este último movimento que se chama abolicionismo, e só este resolve o verdadeiro problema dos escravos, que é a sua própria liberdade. A opinião, em 1845, julgava legítima e honesta a compra de africanos transportados traiçoeiramente da África, e introduzidos por contrabando no Brasil. A opinião, em 1875, condenava as transações dos traficantes, mas julgava legítima e honesta a matrícula depois de trinta anos de cativeiro ilegal das vítimas do tráfico. O abolicionismo é a opinião que deve substituir, por sua vez, esta última, e para a qual todas as transações de domínio sobre entes humanos são crimes que só diferem no grau de crueldade.

O abolicionismo, porém, não é só isso e não se contenta com ser o advogado *ex officio* da porção da raça negra ainda escravizada; não reduz a sua missão a promover e conseguir – no mais breve prazo possível – o resgate dos escravos e dos *ingênuos.* Essa obra – de reparação, vergonha ou arrependimento, como a queiram chamar – da emancipação dos atuais escravos e seus filhos é apenas a tarefa imediata do abolicionismo. Além dessa, há outra maior, a do futuro: a de apagar todos os efeitos de um regime que, há três séculos, é uma escola de desmoralização e inércia, de servilismo e irresponsabilidade para a casta dos senhores, e que fez do Brasil o Paraguai da escravidão.

Quando mesmo a emancipação total fosse decretada amanhã, a liquidação desse regime daria lugar a uma série infinita de questões, que só poderiam ser resolvidas de acordo com os interesses vitais do país pelo mesmo espírito de justiça e humanidade que dá vida ao abolicionismo. Depois que os últimos escravos houverem sido arrancados ao poder sinistro que representa para a raça negra a maldição da cor, será ainda preciso desbastar, por meio de uma educação viril e séria, a lenta estratificação de trezentos anos de cativeiro, isto é, de despotismo, superstição e ignorância. O processo natural pelo qual a escravidão fossilizou nos seus moldes a exuberante vitalidade do nosso povo durou todo o período do crescimento, e enquanto a nação não tiver consciência de que lhe é indispensável adaptar à liberdade cada um dos aparelhos do seu organismo de que a escravidão se apropriou, a obra desta irá por diante, mesmo quando não haja mais escravos.

O abolicionismo é, assim, uma concepção nova em nossa história política, e dele, muito provavelmente, como adiante se verá, há de resultar a desagregação dos atuais partidos. Até bem pouco tempo a escravidão podia esperar que a sua sorte fosse a mesma no Brasil que no Império Romano, e que a deixassem desaparecer sem contorções nem violência. A política dos nossos homens de Estado foi toda, até hoje, inspirada pelo desejo de fazer a escravidão dissolver-se insensivelmente no país.

O abolicionismo é um protesto contra essa triste perspectiva, contra o expediente de entregar à morte a solução de um problema que não é só de justiça e consciência moral, mas também de previdência política. Além disso, o nosso sistema está por demais estragado para poder sofrer impunemente a ação prolongada da escravidão. Cada ano desse regime que degrada a nação toda, por causa de alguns indivíduos, há de ser-lhe fatal, e se hoje basta, talvez, o influxo de uma nova geração educada em outros princípios para determinar a reação e fazer o corpo entrar de novo no processo, retardado e depois suspenso, do crescimento natural; no futuro só uma operação nos poderá salvar – à custa da nossa identidade nacional – isto é, a transfusão do sangue puro e oxigenado de uma raça livre.

O nosso caráter, o nosso temperamento, a nossa organização toda, física, intelectual e moral, acha-se terrivelmente afetada pelas influências com que a escravidão passou trezentos anos a permear a sociedade brasileira. A empresa de anular essas influências é superior, por certo, aos esforços de uma só geração, mas, enquanto essa obra não estiver concluída, o abolicionismo terá sempre razão de ser.

Assim como a palavra *abolicionismo,* a palavra *escravidão* é tomada neste livro em sentido lato. Esta não significa somente a relação do escravo para com o senhor; significa muito mais: a soma do poderio, influência, capital, e clientela dos senhores todos; o feudalismo estabelecido no interior; a dependência em que o comércio, a religião, a pobreza, a indústria, o Parlamento, a Coroa, o Estado, enfim, se acham perante o poder agregado da minoria aristocrática, em cujas senzalas centenas de milhares de entes humanos vivem embrutecidos e moralmente mutilados pelo próprio regime a que estão sujeitos; e, por último, o espírito, o princípio vital que anima a instituição toda, sobretudo no momento em que ela entra a recear pela posse imemorial em que se acha investida, espírito que há sido em toda a história dos países de escravos a causa do seu atraso e da sua ruína.

A luta entre o abolicionismo e a escravidão é de ontem, mas há de prolongar-se muito, e o período em que já entramos há de ser caracterizado por essa luta. Não vale à escravidão a pobreza dos seus adversários, nem a própria riqueza; não lhe vale o imenso poderio que os abolicionistas conhecem melhor talvez do que ela: o desenlace não é duvidoso. Essas contendas não se decidem nem por dinheiro, nem por prestígio social, nem – por mais numerosa que esta seja – por uma clientela mercenária. "O Brasil seria o último dos países do mundo, se, tendo a escravidão, não tivesse um partido abolicionista; seria a prova de que a consciência moral ainda não havia despontado nele."[1] O Brasil seria o mais desgraçado dos países do mundo, devemos acrescentar, hoje que essa consciência despontou, se, tendo um partido abolicionista, esse partido não triunfasse: seria a prova de que a escravidão havia completado a sua obra e selado o destino nacional com o sangue dos milhões de vítimas que fez dentro do nosso território. Deveríamos então perder, para sempre, a esperança de fundar um dia a pátria que Evaristo sonhou.

II

O Partido Abolicionista

"Não há maior honra para um partido do que sofrer pela sustentação de princípios que ele julga serem justos."

W.E. Gladstone

O sentido em que é geralmente empregada a expressão *Partido Abolicionista* não corresponde ao que, de ordinário, se entende pela palavra *partido*. A esse respeito algumas explicações são necessárias.

Não há dúvida de que já existe um núcleo de pessoas identificadas com o movimento abolicionista, que sentem dificuldade em continuar filiadas nos partidos existentes por causa das suas ideias. Sob a bandeira da abolição combatem hoje liberais, conservadores, republicanos, sem outro compromisso – e este tácito e por assim dizer de honra política – senão o de subordinarem a sujeição partidária a outra maior, à consciência humana. Assim como, na passada legislatura, diversos liberais julgaram dever votar pela ideia abolicionista de preferência a votar pelo seu partido, também nas seguintes encontrar-se-ão conservadores prontos a fazer outro tanto e republicanos que prefiram combater pela causa da liberdade pessoal dos escravos a combater pela forma de governo da sua aspiração.

A simples subordinação do interesse de qualquer dos atuais partidos ao interesse da emancipação basta para mostrar que o partido abolicionista, quando surgir, há de satisfazer um ideal de pátria mais elevado, compreensivo e humano, do que o de qualquer dos outros partidos já formados, os quais são todos mais ou menos sustentados e bafejados pela escravidão.

Não se pode, todavia, por enquanto, chamar *partido* à corrente de opinião, ainda não encaminhada para o seu destino, a cuja expansão assistimos.

Entende-se por *partido* não uma opinião somente, mas uma opinião organizada para chegar aos seus fins: o abolicionismo é, por ora, uma agitação, e é cedo ainda para se dizer se será algum dia um partido. Nós o vemos desagregando fortemente os partidos existentes, e até certo ponto constituindo uma igreja à parte composta dos cismáticos de todas as outras. No Partido Liberal, a corrente conseguiu, pelo menos, pôr a descoberto os alicerces mentirosos do liberalismo entre nós. Quanto ao Partido Conservador, devemos esperar a prova da passagem pelo poder que desmoralizou os seus adversários, para sabermos que ação o abolicionismo exercerá sobre ele. Uma nova dissidência, com a mesma bandeira de 1871, valeria um exército para a nossa causa. Restam os republicanos.

O abolicionismo afetou esse partido de um modo profundo, e a nenhum fez tanto bem. Foi a lei de 28 de setembro e a ideia, adrede espalhada entre os fazendeiros, de que o imperador era o chefe do movimento contra a escravidão, que de repente engrossou as fileiras republicanas com uma leva de voluntários saídos de onde menos se imaginava. A *República* compreendeu a oportunidade dourada que se lhe oferecia, e não a desprezou; o partido, não falo da opinião, mas da associação, aproveitou largamente as simpatias que lhe procurava a corajosa defesa, empreendida notavelmente pelo Sr. Cristiano Ottoni, dos interesses da grande propriedade. Como era natural, por outro lado, o abolicionismo, depois de muitas hesitações, impôs-se ao espírito de grande número de republicanos como uma obrigação maior, mais urgente, mais justa, e a todos os respeitos mais considerável, do que a de mudar a forma do governo com auxílio de proprietários de homens. Foi na forte democracia escravagista de São Paulo que a contradição desses dois estados sociais se manifestou de modo mais evidente.

Supondo que a República seja a forma natural da democracia, ainda assim, o dever de elevar os escravos a homens precede a toda arquitetura democrática. O abolicionismo num país de escravos é para o republicano de *razão* a República oportunista, a que pede o que pode conseguir e o que mais precisa, e não se esteriliza em querer antecipar uma ordem de coisas da qual o país só pode tirar benefícios reais quando nele não houver mais *senhores*. Por outro lado, a teoria inventada para contornar a dificuldade sem a resolver, de que pertence à Monarquia acabar com a escravidão, e que o Partido Republicano nada tem com isso, lançou, para muitos que se haviam alistado nas fileiras da República, um clarão sinistro sobre a aliança contraída em 1871.

É, com efeito, difícil hoje a um liberal ou conservador, convencido dos princípios cardeais do desenvolvimento social moderno e do direito inato – no estado de civilização – de cada homem à sua liberdade pessoal, e deve sê-lo muito mais para um republicano, fazer parte homogênea de organizações em cujo credo a mesma natureza humana pode servir para base da democracia e da escravidão, conferir a um indivíduo, ao mesmo tempo, o direito de tomar parte no governo do país e o de manter outros indivíduos – porque os comprou ou os herdou – em abjeta subserviência forçada, durante toda a vida. Conservadores constitucionais; liberais, que se indignam contra o governo pessoal; republicanos, que consideram degradante o governo monárquico da Inglaterra e da Bélgica, exercitando dentro das porteiras das suas fazendas, sobre centenas de entes rebaixados da dignidade de *pessoa,* poder maior que o de um chefe africano nos seus domínios, sem nenhuma lei escrita que o regule, nenhuma opinião que o fiscalize, discricionário, suspeitoso, irresponsável: que mais é preciso para qualificar, segundo uma frase conhecida, essa audácia com que os nossos partidos assumem os grandes nomes que usam – de *estelionato político?*

É por isso que o abolicionismo desagrega dessas organizações os que as procuram por causa daqueles nomes históricos, segundo as suas convicções individuais. Todos os três partidos baseiam as suas aspirações políticas sobre um estado social cujo nivelamento não os afeta; o abolicionismo, pelo contrário, começa pelo princípio, e, antes de discutir qual o melhor modo para um povo *livre* de governar-se a si mesmo – é essa a questão que divide os outros –, trata de tornar livre a esse povo, aterrando o imenso abismo que separa as duas castas sociais em que ele se extrema.

Nesse sentido, o abolicionismo deveria ser a escola primária de todos os partidos, o alfabeto da nossa política, e não o é; por um curioso anacronismo, houve um partido republicano muito antes de existir uma opinião abolicionista, e daí a principal razão por que essa política é uma babel na qual ninguém se entende. Qual será, porém, o resultado da desagregação inevitável? Irão os abolicionistas, separados, pela sinceridade das suas ideias, de partidos que têm apenas interesses e ambições pessoais como razão de ser, e os princípios somente por pretexto, agrupando-se lentamente num partido comum, a princípio unidos pela proscrição social que estão sofrendo, e depois pela esperança da vitória? Haverá um partido abolicionista organizado, com a intuição completa da sua missão no presente e no futuro, para presidir à transformação do Brasil escravo no Brasil livre, e liquidar a herança da escravidão?

Assim aconteceu nos Estados Unidos, onde o atual Partido Republicano, ao surgir na cena política, teve que dominar a rebelião, emancipar quatro milhões de escravos, estabelecer definitivamente o novo regime da liberdade e da igualdade em Estados que queriam formar, nas praias do Golfo do México, a maior potência escravocrata do mundo. É natural que isso aconteça no Brasil; mas é possível também que – em vez de fundir-se num só partido por causa de grandes divergências internas entre liberais, conservadores e republicanos – o abolicionismo venha a trabalhar os três partidos de forma a cindi-los sempre que seja preciso – como o foi em 1871 para a passagem da Lei Rio Branco – reunir os elementos progressistas de cada um numa cooperação desinteressada e transitória, numa aliança política limitada a certo fim; ou que venha mesmo a decompor, e reconstruir diversamente os partidos existentes, sem todavia formar um partido único e homogêneo.

O advento do abolicionismo coincidiu com a eleição direta, e sobretudo com a aparição de uma força, a qual se está solidificando em torno da imprensa – cuja barateza e distribuição por todas as classes é um fator importante na história da democratização do país –, força que é a opinião pública. Todos esses elementos devem ser tomados em consideração quando se quer saber como o abolicionismo há de, por fim, constituir-se.

Neste livro, entretanto, a expressão *Partido Abolicionista* significará, tão somente, o movimento abolicionista, a corrente de opinião que se está desenvolvendo do Norte ao Sul. É claro que há no grupo de pessoas que têm manifestado vontade de aderir àquele movimento mais do que o embrião de um partido. Caso amanhã, por qualquer circunstância, se organizasse um gabinete abolicionista, se o que constitui um partido são pretendentes a posições ou honras políticas, aspirantes a lugares remunerados, clientes de ministros, caudatários do governo – aquele núcleo sólido teria uma cauda adventícia tão grande pelo menos como a dos partidos oficiais.

Basta considerar que, quanto mais se fracionam esses partidos no governo, mais lhes cresce o séquito. O poder é infelizmente entre nós – e esse é um dos efeitos mais incontestáveis do servilismo que a escravidão deixa após si – a região das gerações espontâneas. Qualquer ramo, por mais murcho e seco, deixado uma noite ao alento dessa atmosfera privilegiada, aparece na manhã seguinte coberto de folhas. Não há como negar o influxo desse *fiat:* é toda a nossa história. "O poder é o poder", foi uma frase que resumiu a sabedoria da experiência de todos os nossos homens públicos, e sobre a qual assentam todos os seus cálculos. Nenhuma opinião remotamente distante do governo pode ostentar o pessoal numeroso dos dois partidos que se alternam no exercício do patronato e na guarda do cofre das graças, distribuem empresas e favores, e por isso têm em torno de si, ou às suas ordens e sob seu mando – num país que a escravidão empobreceu e carcomeu –, todos os elementos dependentes e necessitados da população. Isso mesmo caracteriza a diferença entre o abolicionismo e os dois partidos constitucionais: o poder destes é, praticamente, o poder da escravidão toda, como instituição privada e como instituição política; o daquele é o poder tão somente das forças que começam a rebelar-se contra semelhante monopólio – da terra, do capital e do trabalho – que faz da escravidão um estado no Estado, cem vezes mais forte do que a própria nação.

III

O MANDATO DA RAÇA NEGRA

"Se a inteligência nativa e a independência dos bretões não conseguem sobreviver no clima insalubre e adverso da escravidão pessoal, como se poderia esperar que os pobres africanos, sem o apoio de nenhum sentimento de dignidade pessoal ou de direitos civis, não cedessem às influências malignas, a que há tanto tempo estão sujeitos e não ficassem deprimidos mesmo abaixo do nível da espécie humana?"

William Wilberforce

O mandato abolicionista é uma dupla delegação, inconsciente da parte dos que a fazem, mas, em ambos os casos, interpretada pelos que a aceitam como um mandato a que não se pode renunciar. Nesse sentido, deve-se dizer que o abolicionista é o advogado gratuito de duas classes sociais que, de outra forma, não teriam meios de reivindicar os seus direitos, nem consciência deles. Essas classes são: os escravos e os *ingênuos*. Os motivos pelos quais essa procuração tácita impõe-nos uma obrigação irrenunciável não são puramente – para muitos não são mesmo principalmente – motivos de humanidade, compaixão e defesa generosa do fraco e do oprimido.

Em outros países, a propaganda da emancipação foi um movimento religioso, pregado do púlpito, sustentado com fervor pelas diferentes igrejas e comunhões religiosas. Entre nós, o movimento abolicionista nada deve, infelizmente, à Igreja do Estado; pelo contrário, a posse de homens e mulheres pelos conventos e por todo o clero secular desmoralizou inteiramente o sentimento religioso de senhores e escravos. No sacerdote, estes não viam senão um homem que os podia comprar, e aqueles a última pessoa que se lembraria de acusá-los. A deserção, pelo nosso clero, do posto que o Evangelho lhe marcou foi a mais vergonhosa possível: ninguém o viu tomar a parte dos escravos, fazer uso da religião para suavizar-lhes o cativeiro, e para dizer a verdade moral aos senhores. Nenhum padre tentou, nunca, impedir um leilão de escravos, nem condenou o regime religioso das senzalas. A Igreja Católica, apesar do seu imenso poderio em um país ainda em grande parte fanatizado por ela, *nunca* elevou no Brasil a voz em favor da emancipação.

Se o que dá força ao abolicionismo não é principalmente o sentimento religioso, o qual não é a alavanca de progresso que poderia ser, por ter sido desnaturado pelo próprio clero, também não é o espírito de caridade ou filantropia. A guerra contra a escravidão foi, na Inglaterra, um movimento religioso e filantrópico, determinado por sentimentos que nada tinham de político, senão no sentido em que se pode chamar política à moral social do Evangelho. No Brasil, porém, o abolicionismo é antes de tudo um movimento *político,* para o qual, sem dúvida, poderosamente concorre o interesse pelos escravos e a compaixão pela sua sorte, mas que nasce de um pensamento diverso: o de reconstruir o Brasil sobre o trabalho livre e a união das raças na liberdade.

Nos outros países, o abolicionismo não tinha esse caráter de reforma política primordial, porque não se queria a raça negra para elemento permanente de população, nem como parte homogênea da sociedade. O negro, libertado, ficaria nas colônias, não seria nunca um fator eleitoral na própria Inglaterra ou França. Nos Estados Unidos, os acontecimentos marcharam com tanta rapidez e desenharam-se por tal forma que o Congresso se viu forçado a fazer dos antigos escravos do Sul, de um dia para o outro, cidadãos americanos, com os mesmos direitos que os demais; mas esse foi um dos resultados imprevistos da guerra.

A abolição não tinha, até o momento da emenda constitucional, tão amplo sentido, e ninguém sonhara para o negro ao mesmo tempo a alforria e o voto.

No Brasil, a questão não é, como nas colônias europeias, um movimento de generosidade em favor de uma classe de homens vítimas de uma opressão injusta a grande distância das nossas praias. A raça negra não é, tampouco, para nós, uma raça inferior, alheia à comunhão ou isolada desta, e cujo bem-estar nos afete como o de qualquer tribo indígena maltratada pelos invasores europeus. Para nós, a raça negra é um elemento de considerável importância nacional, estreitamente ligada por infinitas relações orgânicas à nossa constituição, parte integrante do povo brasileiro. Por outro lado, a emancipação não significa tão somente o termo da injustiça de que o escravo é mártir, mas também a eliminação simultânea dos dois tipos contrários, e no fundo os mesmos: o escravo e o *senhor*.

É esse ponto de vista, da importância fundamental da emancipação, que nos faz sub-rogar-nos nos direitos de que os escravos e os seus filhos – chamados *ingênuos* por uma aplicação restrita da palavra, a qual mostra bem o valor das ficções que contrastam com a realidade – não podem ter consciência, ou, tendo-a, não podem reclamar, pela morte civil a que estão sujeitos. Aceitamos esse mandato como homens políticos, por motivos políticos, e assim representamos os escravos e os *ingênuos* na qualidade de brasileiros que julgam o seu título de cidadão diminuído enquanto houver brasileiros escravos, isto é, no interesse de todo o país e no nosso próprio interesse.

Quem pode dizer que a raça negra não tem direito de protestar perante o mundo e perante a história contra o procedimento do Brasil? Esse direito de acusação, entretanto, ela própria o renunciou; ela não apela para o mundo, mas tão somente para a generosidade do país que a escravidão lhe deu por pátria. Não é já tempo que os brasileiros prestem ouvidos a esse apelo?

Em primeiro lugar, a parte da população nacional que descende de escravos é, pelo menos, tão numerosa como a parte que descende exclusivamente de senhores; a raça negra nos deu um povo. Em segundo lugar, o que existe até hoje sobre o vasto território que se chama Brasil foi levantado ou cultivado por aquela raça; ela construiu o nosso país. Há trezentos anos que o africano tem sido o principal instrumento da ocupação e da manutenção do nosso território pelo europeu, e que os seus descendentes se misturam com o nosso povo. Onde ele não chegou ainda, o país apresenta o aspecto com que surpreendeu aos seus primeiros descobridores. Tudo o que significa luta do homem com a natureza, conquista do solo para a habitação e cultura, estradas e edifícios, canaviais e cafezais, a casa do senhor e a senzala dos escravos, igrejas e escolas, alfândegas e correios, telégrafos e caminhos de ferro, academias e hospitais, tudo, absolutamente tudo que existe no país, como resultado do trabalho manual, como emprego de capital, como acumulação de riqueza, não passa de uma doação gratuita da raça que trabalha à que faz trabalhar.

Por esses sacrifícios sem número, por esses sofrimentos, cuja terrível concatenação com o progresso lento do país faz da história do Brasil um dos mais tristes episódios do povoamento da América, a raça negra fundou, para outros, uma pátria que ela pode, com muito mais direito, chamar sua. Suprima-se mentalmente essa raça e o seu trabalho, e o Brasil não será, na sua maior parte, senão um território deserto, quando muito um segundo Paraguai, guarani e jesuítico.

Nessas condições é tempo de renunciarmos o usufruto dos últimos representantes dessa raça infeliz. Vasconcelos, ao dizer que a nossa civilização viera da costa da África, pôs patente, sem o querer, o crime do nosso país escravizando os próprios que o civilizaram. Já vimos com que importante contingente essa raça concorreu para a formação do nosso povo. A escravidão moderna repousa sobre uma base diversa da escravidão antiga: a cor preta.

Ninguém pensa em reduzir homens brancos ao cativeiro: para este ficaram reservados tão somente os negros. Nós não somos um povo exclusivamente branco, e não devemos, portanto, admitir essa maldição da cor; pelo contrário, devemos tudo fazer por esquecê-la. A escravidão, por felicidade nossa, não azedou nunca a alma do escravo contra o senhor – falando coletivamente – nem criou entre as duas raças o ódio recíproco que existe naturalmente entre opressores e oprimidos. Por esse motivo, o contato entre elas foi sempre isento de asperezas, fora da escravidão, e o homem de cor achou todas as avenidas abertas diante de si. Os debates da última legislatura, e o modo liberal pelo qual o Senado assentiu à elegibilidade dos libertos, isto é, ao apagamento do último vestígio de desigualdade da condição anterior, mostram que a cor no Brasil não é, como nos Estados Unidos, um preconceito social contra cuja obstinação pouco pode o caráter, o talento e o mérito de quem incorre nele. Essa boa inteligência em que vivem os elementos, de origem diferente, da nossa nacionalidade é um interesse público de primeira ordem para nós.

    Ouvi contar que, estando Antônio Carlos a ponto de expirar, um indivíduo se apresentara na casa onde se finava o grande orador, instando por vê-lo. Havia ordem de não admitir pessoas estranhas no quarto do moribundo, e o amigo encarregado de executá-la teve que recusar ao visitante esse favor – que ele implorava com lágrimas nos olhos – de contemplar antes da morte o último dos Andradas. Por fim, notando a insistência desesperada do desconhecido, perguntou-lhe o amigo que estava de guarda: "Mas por que o senhor quer tanto ver o Sr. Antônio Carlos?", "Por que quero vê-lo?", respondeu ele numa explosão de dor, "Não vê a minha cor! Pois se não fosse os Andradas, que éramos nós no Brasil? Foram eles que nos deram esta pátria!".

    Sim, foram eles que deram uma pátria aos homens de cor *livres,* mas essa pátria, é preciso que nós a estendamos, por nossa vez, aos que não o são. Só assim poder-se-á dizer que o Brasil é uma nação demasiado altiva para consentir que sejam escravos brasileiros de nascimento, e generosa bastante para não consentir que o sejam africanos, só por pertencerem uns e outros à raça que fez do Brasil o que ele é.

IV

O CARÁTER DO MOVIMENTO ABOLICIONISTA

"Não é por ação direta e pessoal sobre o espírito do escravo que lhe podemos fazer algum bem. É com os livros que nos devemos entender; é com estes que devemos pleitear a causa daquele. A lei eterna obriga-nos a tomar a parte do oprimido, e essa lei torna-se muito mais obrigatória desde que nós lhe proibimos levantar o braço em defesa própria."

W. Channing

Estas palavras de Channing mostram, ao mesmo tempo, a natureza e as dificuldades de uma campanha abolicionista, onde quer que seja travada. É uma luta que tem, como teve sempre em toda a parte, dois grandes embaraços: o primeiro, o estarem as pessoas que queremos salvar nas mãos dos adversários, como reféns; o segundo, o se acharem os senhores, praticamente, à mercê dos escravos. Por isso também os abolicionistas, que querem conciliar todas as classes, e não indispor umas contra outras; que não pedem a emancipação no interesse tão somente do escravo, mas do próprio senhor, e da sociedade toda; não podem querer instilar no coração do oprimido um ódio que ele não sente, e muito menos fazer apelo a paixões que não servem para fermento de uma causa, que não se resume na reabilitação da raça negra, mas que é equivalente, como vimos, à reconstituição completa do país.

A propaganda abolicionista, com efeito, não se dirige aos escravos. Seria uma covardia, inepta e criminosa, e, além disso, um suicídio político para o partido abolicionista, incitar à insurreição, ou ao crime, homens sem defesa, e que a Lei de

Lynch, ou a justiça pública, imediatamente haveria de esmagar. Covardia, porque seria expor outros a perigos que o provocador não correria com eles; inépcia, porque todos os fatos dessa natureza dariam como único resultado para o escravo a agravação do seu cativeiro; crime, porque seria fazer os inocentes sofrerem pelos culpados, além da cumplicidade que cabe ao que induz outrem a cometer um crime; suicídio político, porque a nação inteira – vendo uma classe, e essa a mais influente e poderosa do Estado, exposta à vindita bárbara e selvagem de uma população mantida até hoje no nível dos animais e cujas paixões, quebrado o freio do medo, não conheceriam limites no modo de satisfazer--se – pensaria que a necessidade urgente era salvar a sociedade a todo o custo por um exemplo tremendo, e este seria o sinal de morte do abolicionismo de Wilberforce, Lamartine, e Garrison, que é o nosso, e do começo do abolicionismo de Catilina ou de Spartacus, ou de John Brown.

    A escravidão não há de ser suprimida no Brasil por uma guerra servil, muito menos por insurreições ou atentados locais. Não deve sê-lo, tampouco, por uma guerra civil, como o foi nos Estados Unidos. Ela poderia desaparecer, talvez, depois de uma revolução, como aconteceu na França, sendo essa revolução obra exclusiva da população livre; mas tal possibilidade não entra nos cálculos de nenhum abolicionista. Não é, igualmente, provável que semelhante reforma seja feita por um decreto majestático da Coroa, como o foi na Rússia, nem por um ato de inteira iniciativa e responsabilidade do governo central, como foi, nos Estados Unidos, a proclamação de Lincoln.

    A emancipação há de ser feita, entre nós, por uma lei que tenha os requisitos, externos e internos, de todas as outras. É, assim, no Parlamento e não em fazendas ou quilombos do interior, nem nas ruas e praças das cidades, que se há de ganhar, ou perder, a causa da liberdade. Em semelhante luta, a violência, o crime, o desencadeamento de ódios acalentados, só pode ser prejudicial ao lado que tem por si o direito, a justiça, a procuração dos oprimidos e os votos da humanidade toda.

A escravidão é um estado violento de compressão da natureza humana no qual não pode deixar de haver, de vez em quando, uma forte explosão. Não temos estatística dos crimes agrários, mas pode-se dizer que a escravidão continuamente expõe o senhor ou os seus agentes, e tenta o escravo, à prática de crimes de maior ou menor gravidade. Entretanto, o número de escravos que saem do cativeiro pelo suicídio deve aproximar-se do número dos que se vingam do destino da sua raça na pessoa que mais os atormenta, de ordinário o feitor. A vida, do berço ao túmulo, literalmente, debaixo do chicote é uma constante provocação dirigida ao animal humano, e à qual cada um de nós preferiria, mil vezes, a morte. Quem pode, assim, condenar o suicídio do escravo como covardia ou deserção? O abolicionismo, exatamente porque a criminalidade entre os escravos resulta da perpetuidade da sua condição, concorre para diminuí-la, dando uma esperança à vítima.

Um membro do nosso Parlamento, o Sr. Ferreira Viana, lavrou na sessão passada a sua sentença condenatória da propaganda abolicionista, dizendo que era *perverso* quem fazia nascer no coração do infeliz uma esperança que não podia ser realizada.

Essa frase condena por *perversos* todos os que têm levantado no coração dos oprimidos, durante a vida da humanidade, esperanças irrealizáveis. Reveja bem o ilustre orador a lista dos que assim proscreve e nela há de achar os fundadores de todas as religiões – e, se essa classe não lhe parece respeitável, os vultos do catolicismo – os mártires de todas as ideias, todas as minorias esmagadas, os vencidos das grandes causas. Para ele, pregador leigo da religião católica, perverso não é quem oprime, viola o direito, prostitui o Evangelho, ultraja a pátria, diminui a humanidade: mas sim o que diz ao oprimido, nesse caso o escravo:

Não desanimes, o teu cativeiro não há de ser perpétuo, o direito há de vencer a força, a natureza humana há de reagir, em teu favor, nos próprios que a mutilam em ti; a pátria há de alargar as suas fronteiras morais até te abranger.

Este, sim, é perverso, chame-se ele, em vez de André Rebouças, Joaquim Serra, Ferreira de Meneses, Luís Gama, ou outro qualquer nome de abolicionista brasileiro, Granville Sharpe, Buxton, Whittier ou Longfellow. Quando mesmo essa esperança nos parecesse irrealizável não seria perversidade fazer penetrar no cárcere do escravo, onde reina noite perpétua, um raio de luz, que o ajudasse a ser bom e a viver. Mas a esperança não nos parece irrealizável, graças a Deus, e nós não a afagamos só pelo escravo, afagamo-la por nós mesmos também, porque o mesmo dia que der a liberdade àquele – e esse somente – há de dar-nos uma dignidade, que hoje não o é – a de cidadão brasileiro.

Como se pode, de boa-fé, alegar que é socialmente perigoso esse sentimento que nos faz reclamar a adoção das famílias mais do que plebeias, para as quais a lei achou que bastava o *contubernium*; expatriar-nos moralmente, quer estejamos fora, quer dentro do país, porque traçamos as fronteiras da nacionalidade além da lei escrita, de forma a compreender esse povo que não é nem estrangeiro nem nacional e, perante o direito das gentes, não tem pátria? Que crime seria perante um tribunal do qual Jesus Cristo e São Francisco de Assis fossem os juízes, esse de confundirmos as nossas aspirações com as de quantos, tendo nascido brasileiros, não fazem parte da comunhão, mas *pertencem* a ela, como qualquer outra propriedade, e estão inscritos, não nos alistamentos eleitorais, mas na matrícula das coisas sobre as quais o Estado cobra impostos?

Os escravos, em geral, não sabem ler, não precisam, porém, de soletrar a palavra liberdade para sentir a dureza da sua condição. A consciência neles pode estar adormecida, o coração resignado, a esperança morta: eles podem beijar com reconhecimento os ferros que lhes apertam os pulsos; exaltar-se, na sua triste e tocante degradação, com a posição, a fortuna, o luxo do seu senhor; recusar a alforria que este lhes ofereça, para não terem que se separar da casa onde foram *crias*; chamar-se, quando libertos, pelo nome dos seus patronos; esquecer-se de si mesmos como o asceta, para viverem na adoração do deus que criaram, prontos a sacrificar-lhe tudo. Que prova isso senão que a escravidão, em certos casos isolados e *domésticos,* consegue criar um tipo heroico de abnegação e desinteresse, e esse não o senhor, mas o escravo?

Pois bem, como pode o abolicionismo que, em toda a sua vasta parte inconsciente, não é uma renovação social, mas uma explosão de simpatia e de interesse pela sorte do escravo, azedar a alma deste, quando trezentos anos de escravidão não o conseguiram? Por que há de a esperança provocar tragédias como o desespero não teve que registrar? Por que hoje, que a sua causa está afeta ao tribunal da consciência pública, por advogados que se identificaram com ela e, para a defenderem como ela o exige, praticamente trocaram as roupas do cidadão pelas do hilota, hão de eles comprometer essa defesa, fazendo o que nunca fizeram quando não achavam em todo o país senão espectadores indiferentes ao seu suplício?

Isso, por certo, não é natural, e, se tal porventura acontecesse, a explicação verdadeira seria: não que esses fatos foram o resultado da disseminação das ideias abolicionistas pelo país; mas sim que, fechados nos latifúndios, os escravos nem tinham consciência de que a sua sorte estava preocupando a nação toda, de que o seu cativeiro tocara por fim o coração do povo, e havia para eles uma esperança, ainda que remota, de liberdade. Quanto mais crescer a obra do abolicionismo, mais se dissiparão os receios de uma guerra servil, de insurreições e atentados.

A propaganda abolicionista é dirigida contra uma instituição e não contra pessoas. Não atacamos os proprietários como indivíduos, atacamos o domínio que exercem e o estado de atraso em que a instituição que representam mantém o país todo. As seguintes palavras do *Manifesto da sociedade brasileira contra a escravidão* expressam todo o pensamento abolicionista:

O futuro dos escravos depende, em grande parte, dos seus senhores; a nossa propaganda não pode, por consequência, tender a criar entre senhores e escravos senão sentimentos de benevolência e solidariedade. Os que, por motivo dela, sujeitarem os seus escravos a tratos piores, são homens que têm em si mesmos a possibilidade de serem bárbaros e não têm a de serem justos.

Neste caso, devo eu acrescentar, não se teria provado a *perversidade* da propaganda, mas só a impotência da lei para proteger os escravos, e os extremos desconhecidos de crueldade a que a escravidão pode chegar, como todo o poder que não é limitado por nenhum outro e não se sabe conter a si próprio. Em outras palavras, ter-se-ia justificado o abolicionismo do modo mais completo possível.

A não ser essa contingência, cuja responsabilidade não poderia em caso algum caber-nos, a campanha abolicionista só há de concorrer, pelos benefícios que espalhar entre os escravos, para impedir e diminuir os crimes de que a escravidão sempre foi causa, e que tanto avultaram – quando não existia ainda partido abolicionista e as portas do Brasil estavam abertas ao tráfico de africanos – que motivaram a lei de segurança de 10 de junho de 1835. Não é aos escravos que falamos, é aos livres: em relação àqueles fizemos nossa divisa das palavras de Sir Walter Scott: "Não acordeis o escravo que dorme, ele sonha talvez que é livre".

V

"A CAUSA JÁ ESTÁ VENCIDA"

"Trinta anos de escravidão com as suas degradações, os seus castigos corporais, as suas vendas de homens, mulheres e crianças, como animais domésticos e coisas, impostos a um milhão e meio de criaturas humanas, é um prazo demasiado longo para que os amigos da humanidade o aceitem resignados."

Victor Schoelcher

"A causa que vós, abolicionistas, advogais", dizem-nos todos os dias, não só os que nos insultam, mas também os que simpatizam conosco, "é uma causa vencida, há muito tempo, na consciência pública". Tanto quanto esta proposição tem alcance prático, significa isto: "O país já decidiu, podeis estar descansados, os escravos serão todos postos em liberdade; não há, portanto, necessidade alguma de um partido abolicionista para promover os interesses daqueles enjeitados que a nação toda perfilhou". Mas quem diz isso tem um único fim – desarmar os defensores dos escravos para que o preço desses não diminua pela incerteza da longa posse que a lei atual promete ao senhor, e conseguir que a escravidão desapareça naturalmente, graças à mortalidade progressiva numa população que não pode aumentar. É claro que, para quem fala assim, os *ingênuos* são homens livres, não enchem anualmente os claros da escravatura, pelo que não é preciso que alguém tome a si a proteção dessas centenas de milhares de pessoas que são escravos somente até aos vinte e um anos de idade, isto é, apenas escravos provisórios. O repugnante espetáculo de uma grande massa de futuros cidadãos crescendo nas senzalas, sujeitos ao mesmo sistema de trabalho, à mesma educação moral, ao mesmo tratamento que os escravos, não preocupa os nossos adversários. Eles não acrescentam à massa dos escravos a massa dos *ingênuos,* quando inventariam os créditos a longo prazo da escravidão, nem quando lhe arrolam os bens existentes: mas para nós a sorte dos *ingênuos* é um dos dados, como a dos escravos, de um só problema.

Será, entretanto, exato que esteja vencida no espírito público a ideia abolicionista? Neste momento não indagamos os fundamentos que há para se afirmar, como nós afirmamos, que a maioria do país está conosco sem o poder manifestar. Queremos tão somente saber se a causa do escravo está ganha, ou pelo menos tão segura quanto a decisão final, que possa correr à revelia; se podemos cruzar os braços, com a certeza de ver esse milhão e meio de entes humanos emergir pouco a pouco do cativeiro e tomar lugar ao nosso lado.

Qual é a esperança de liberdade fundada sobre fatos – não se trata da que provém da fé na Providência – que o escravo pode alimentar neste momento da nossa história? Cada homem livre que se imagine naquela posição e responda a esta pergunta.

Se fosse escravo de um *bom* senhor, e fosse *bom* escravo – ideal que nenhum homem livre poderia inteiramente realizar e que exige uma educação à parte –, teria sempre esperança de alforria. Mas os bons senhores muitas vezes são pobres e veem-se obrigados a vender o escravo ao mau senhor. Além disso eles têm filhos, de quem não querem diminuir a legítima. Por outro lado, se há proprietários que forram grande número de escravos, outros há que nunca assinam uma carta de liberdade. Admitindo--se que o número das alforrias vá aumentando progressivamente – o que já é um resultado incontestável do abolicionismo, que tem formado em pouco tempo uma opinião pública interessada, vigilante, pronta a galardoar e levar em conta tais atos de consciência – ainda assim quantos escravos, proporcionalmente à massa total, são libertados e quantos morrem em cada ano? A alforria como doação é uma esperança que todo escravo pode ter, mas que relativamente é a sorte de muito poucos. Nessa loteria quase todos os bilhetes saem brancos; a probabilidade é vaga demais para servir de base sólida a qualquer cálculo de vida e de futuro. A generalidade dos nossos escravos morre no cativeiro; os libertos sempre foram exceções. Ponha-se de lado essa esperança de que o senhor lhe dê a liberdade, esperança que não constitui um direito; que porta há na lei para o escravo sair do cativeiro? A lei de 28 de setembro de 1871 abriu-lhe, mas não lhe facilitou, dois caminhos: o do resgate forçado pelo pecúlio, e o do sorteio anual. O primeiro, infelizmente, pelo aparelho imperfeito e desfigurado por atenções particulares que exercita essa importante função da Lei Rio Branco, está em uso nas cidades, não nas fazendas: serve para os escravos urbanos, não para os rurais. Assim mesmo essa aberta daria saída a grande porção de escravos, se a escravidão não houvesse atrofiado entre nós o espírito de iniciativa, e a confiança em contratos de trabalho. Basta esta prova: que um escravo não acha um capital suficiente para libertar-se mediante a locação dos seus serviços, para mostrar o que é a escravidão como sistema social e econômico.[2] Quanto ao fundo de emancipação do Estado, sujeito, como ponderou no Senado o Barão de Cotegipe, a manipulações dos senhores interessados, ver-se-á mais longe a insignificante porcentagem que o sorteio abate todos os anos no rol dos escravos. Fora dessas esperanças, fugitivas todas, mas que o abolicionismo há de converter na maior parte dos casos em realidade, que resta aos escravos? Absolutamente nada.

Desapareça o abolicionismo, que é a vigilância, a simpatia, o interesse da opinião pela sorte desses infelizes; fiquem eles entregues ao destino que a lei lhes traçou, e ao poder do senhor tal qual é, e a morte continuará a ser, como é hoje, a maior das probabilidades, e a única certeza, que eles têm de sair um dia do cativeiro. Isso quanto à duração deste; quanto à sua natureza, é hoje o que foi sempre. Nas mãos de um bom senhor, o escravo pode ter uma vida feliz, como a do animal bem tratado e predileto; nas mãos de um mau senhor, ou de uma má senhora (a crueldade das mulheres é muitas vezes mais requintada e persistente que a dos homens), não há como descrever a vida de um desses infelizes.

Se houvesse um inquérito no qual todos os escravos pudessem depor livremente, à parte os indiferentes à desgraça alheia, os cínicos e os traficantes, todos os brasileiros haviam de horrorizar--se ao ver o fundo de barbárie que existe no nosso país debaixo da camada superficial da civilização, onde quer que essa camada esteja sobreposta à propriedade do homem pelo homem.

Na escravidão não só *quod non prohibitum licitum est,* como também praticamente *nada é proibido.* Se cada escravo narrasse a sua vida desde a infância – as suas relações de família, a sua educação de espírito e coração, as cenas que presenciou, os castigos que sofreu, o tratamento que teve, a retribuição que deram ao seu trabalho de tantos anos para aumentar a fortuna e o bem-estar de estranhos – que seria *A cabana do Pai Tomás,* de Mrs. Beecher Stowe, ou a *Vida* de Frederick Douglass ao lado de algumas das narrações que nós teríamos que escutar? Dir--se-á que a escravidão dá lugar a *abusos,* como todas as outras instituições, e com abusos não se argumenta. Mas esses abusos fazem parte das defesas e exigências da instituição e o fato de serem necessárias à sua existência basta para condenar o regime. O senhor que tem pelos seus escravos sentimentos de família é uma exceção, como é o senhor que lhes tem ódio e os tortura. O geral dos senhores trata de tirar do escravo todo o usufruto possível, explora a escravidão sem atender particularmente à natureza moral da propriedade servil. Mas, exceção ou regra, basta ser uma realidade, bastaria ser uma hipótese, o *mau senhor,* para que a lei que permite a qualquer indivíduo – nacional ou estrangeiro, ingênuo ou liberto e mesmo *escravo,* inocente ou criminoso, caritativo ou brutal – exercer sobre outros, melhores talvez do que ele, um poder que ela nunca definiu nem limitou, seja a negação absoluta de todo o senso moral.

Diariamente lemos anúncios de escravos fugidos denunciados à sede de dinheiro dos capitães do mato com detalhes que não ofendem o pudor humano da sociedade que os lê; nas nossas cidades há casas de comissões abertas, mercados e verdadeiros lupanares, sem que a polícia tenha olhos para essa mácula asquerosa; ainda está recente na memória pública a oposição corajosa de um delegado de polícia da cidade do Rio ao tráfico de escravas para a prostituição; os africanos transportados de Angola e Moçambique depois da lei de 7 de novembro de 1831 estão sempre no cativeiro; as praças judiciais de escravos continuam a substituir os antigos leilões públicos; em suma, a carne humana ainda tem preço. À vista desses fatos, quem ousa dizer que os escravos não precisam de defensores, como se o cativeiro em que eles vivem fosse condicional e não perpétuo, e a escravidão uma coisa obsoleta ou, pelo menos, cujas piores feições pertencessem já à história?

Quem sabe ao certo quantos milhares mais de escravos morrerão no cativeiro? Quando será proibida a compra e venda de homens, mulheres e crianças? Quando não terá mais o Estado que levantar impostos sobre essa espécie de propriedade? Ninguém. O que todos sabem é que o senhor julga ainda perpétuo o seu direito sobre o escravo e, como o colocava à sombra do paládio constitucional – o artigo 179 –, coloca-o hoje sob a proteção da lei de 28 de setembro.

O escravo ainda é uma *propriedade* como qualquer outra, da qual o senhor dispõe como de um cavalo ou de um móvel. Nas cidades, em contato com as diversas influências civilizadoras, ele escapa de alguma forma àquela condição; mas no campo, isolado do mundo, longe da proteção do Estado, sem ser conhecido de *nenhum* dos agentes deste, tendo apenas o seu nome de batismo matriculado, quando o tem, no livro da coletoria local, podendo ser fechado num calabouço durante meses – nenhuma autoridade visita esses cárceres privados – ou ser açoitado todos os dias pela menor falta, ou sem falta alguma; à mercê do temperamento e do caráter do senhor, que lhe dá de esmola a roupa e alimentação que quer, sujeito a ser dado em penhor, a ser hipotecado, a ser vendido, o escravo brasileiro literalmente falando só tem de seu uma coisa – a morte.

Nem a esperança, nem a dor, nem as lágrimas o são. Por isso não há paralelo algum para esse ente infeliz, que não é uma abstração nem uma criação da fantasia dos que se compadecem dele, mas que existe em milhares e centenas de milhares de casos, cujas histórias podiam ser contadas cada uma com piores detalhes. Ninguém compete em sofrimento com esse órfão do destino, esse enjeitado da humanidade, que antes de nascer estremece sob o chicote vibrado nas costas da mãe, que não tem senão os restos do leite que esta, ocupada em amamentar outras crianças, pode salvar para o seu próprio filho, que cresce no meio da abjeção da sua classe, corrompido, desmoralizado, embrutecido pela vida da senzala, que aprende a não levantar os olhos para o senhor, a não reclamar a mínima parte do seu próprio trabalho, impedido de ter uma afeição, uma preferência, um sentimento que possa manifestar sem receio, condenado a não se possuir a si mesmo inteiramente uma hora só na vida e que por fim morre sem um agradecimento daqueles para quem trabalhou tanto, deixando no mesmo cativeiro, na mesma condição, cuja eterna agonia ele conhece, a mulher, os filhos, os amigos, se os teve!

    Comparado à história de tantos milhares de famílias escravas, o infortúnio imerecido dos outros homens torna-se uma incógnita secundária do grande problema dos destinos humanos. Só eles com efeito sentem uma dor ao lado da qual a de tantos proletários – de não ter nada e ninguém no mundo que se possa chamar de *seu* – é até suave: a dor de ser de outrem. "Somente o escravo é infeliz" é uma frase que poderia ser escrita com verdade no livro das consolações humanas. Ao lado da tragédia da esperança e do desespero que são o fluxo e o refluxo diário da sua alma – e essa esperança e esse desespero o ser livre – todas as outras vidas que correm pelo leito da liberdade, quaisquer que sejam os embaraços e as quedas que encontrem, são relativamente privilegiadas. Somente o escravo, de todos os homens – ele, pela falta da consciência livre, o extremo oposto na escala humana do Prometeu de Shelley –, tem como esse o destino de "sofrer desgraças que a esperança julga serem infinitas e de perdoar ofensas mais negras que a morte ou a noite".

Entretanto não é menos certo que de alguma forma se pode dizer: "A vossa causa, isto é, a dos escravos, que fizestes vossa, está moralmente ganha". Sim, está ganha, mas, perante a opinião pública, dispersa, apática, intangível, e não perante o parlamento e o governo, órgãos concretos da opinião; perante a religião, não perante a Igreja, nem no sentido de comunhão dos fiéis, nem no de sacerdócio constituído; perante a ciência, não perante os corpos científicos, os professores, os homens que representam a ciência; perante a justiça e o direito, não perante a lei que é a sua expressão, nem perante os magistrados, administradores da lei; perante a mocidade, irresponsável, protegida por um "benefício macedoniano" político, que não reconhece as dívidas de opinião que ela contrai, não para a mocidade do outro lado da emancipação civil; perante os partidos, não perante os ministros, os deputados, os senadores, os presidentes de província, os candidatos todos à direção desses partidos, nem perante os eleitores que formam a plebe daquela aristocracia; perante a Europa, mas não perante os europeus estabelecidos no país, que, em grande proporção, ou possuem escravos ou não creem num Brasil sem escravos e temem pelos seus interesses; perante a popularidade, não perante o povo; perante o imperador como particular, não perante o chefe do Estado; perante os brasileiros em geral, não perante os brasileiros individualmente; isto é, resumindo-me, perante jurisdições virtuais, abstrações políticas, forças que estão ainda no seio do possível, simpatias generosas e impotentes, não perante o único tribunal que pode executar a sentença da liberdade da raça negra, isto é, a nação brasileira constituída.

A vitória abolicionista será fato consumado no coração e na simpatia da grande maioria do país: mas enquanto essa vitória não se traduzir pela liberdade, não afiançada por palavras, mas lavrada em lei, não *provada* por sofistas mercenários, mas sentida pelo próprio escravo, semelhante triunfo sem resultados práticos, sem a reparação esperada pelas vítimas da escravidão, não passará de um choque da consciência humana em um organismo paralisado – que já consegue agitar-se, mas ainda não caminhar.

VI

Ilusões até a independência

"Generosos cidadãos do *Brasil* que amais a vossa pátria, sabei que sem a abolição total do infame tráfico da escravatura africana, e sem a emancipação sucessiva dos atuais cativos, nunca o Brasil firmará a sua independência nacional e segurará e defenderá a sua liberal constituição."

José Bonifácio (1825)

Os abolicionistas, animando os escravos a confiarem no progresso da moralidade social, não lhes incutem uma esperança positiva, definida, a prazo certo, de cujo naufrágio possa resultar o desespero que se receia; mas quando o governo, ou quem os escravos supõem ser governo, afiança ao mundo e ao país que emancipação é *questão de forma e oportunidade,* essa perspectiva de liberdade, que lhes passa diante dos olhos, tem para eles outra realidade e certeza, e nesse caso a desilusão pode ter consequências temerosas.

A animação dos abolicionistas é para o escravo como o desejo, o sonho dourado da sua pobre mãe, recordação indelével de infância dos que foram criados no cativeiro; é como as palavras que lhe murmuram ao ouvido os seus companheiros mais resignados, para dar-lhe coragem. A promessa dos poderes públicos, porém, é coisa muito diversa: entre as suas crenças está a de que *palavra de rei não volta atrás,* a confiança na honra dos "brancos" e na seriedade dos que tudo podem, e por isso semelhante promessa vinda de tão alto é para ele como a promessa de alforria que lhe faça o senhor e desde a qual, por mais longo que seja o prazo, ele se considera um homem livre.

O que as vítimas da escravidão ignoram é que semelhantes compromissos tomados por esses personagens são formulados de modo a nunca serem exigíveis, e que não são tomados senão porque é preciso, ao mesmo tempo, manter o escravo em cativeiro para não alienar o senhor, e representá-lo como a ponto de ficar livre para encobrir a vergonha do país. A *palavra de rei* podia valer no regime absoluto – não valia sempre como adiante se verá –, mas no constitucional é a máscara antiga em que os atores se substituíam no proscênio. A "honra dos brancos" é a superstição de uma raça atrasada no seu desenvolvimento mental, que adora a cor pela força que esta ostenta e lhe empresta virtudes que ela por si só não tem.

Que importa que essas promessas, letras sacadas sobre outra geração, sejam protestadas, perante o Deus em que acreditam, por tantos escravos no momento de morrer? Quem lhes ouve esse protesto? Os que ficam continuam a esperar indefinidamente, e o mundo a acreditar que a escravidão está acabando no Brasil, sem refletir que isso se dá porque os escravos estão morrendo. É difícil reproduzir todas as declarações feitas por agentes dos poderes públicos de que a emancipação dos escravos no Brasil estava próxima, resolvida em princípio, só dependente para ser realizada de uma ocasião favorável. Algumas dessas declarações, entretanto, estão ainda vivas na memória de todos e bastam para documentar a queixa que fazemos.

A primeira promessa solene de que a escravidão, a qual se tornou e é ainda um estado perpétuo, seria um estado provisório, encontra-se na legislação portuguesa do século XIX.

Por honra de Portugal, o mais eminente dos seus jurisconsultos não admitiu que o Direito romano na sua parte mais bárbara e atrasada, *dominica potestas*, pudesse ser ressuscitado por um comércio torpe, como parte integrante do direito pátrio, depois de um tão grande intervalo de tempo como o que separa a escravidão antiga da escravidão dos negros. A sua frase: "*Servi nigri in Brasilia, et quaesitis aliis dominationibus tolerantur: sed quo jure et titulo me penitus ignorare fateor*"³, é a repulsa do traficante pelo jurisconsulto e a demolição legal do edifício inteiro levantado sobre a pirataria dos antigos *assentos*. É o vexame da confissão de Melo Freire que dá um vislumbre de dignidade ao alvará de 6 de junho de 1755 em que se contém a primeira das promessas solenes feitas à raça negra.

Aquele alvará, estatuindo sobre a liberdade dos índios do Brasil, fez esta exceção significativa: "Desta geral disposição excetuo somente os oriundos de pretas escravas, os quais serão conservados no domínio de seus atuais senhores, *enquanto eu não der outra providência sobre esta matéria*". A *providência* assim expressamente prometida nunca foi dada. Não podia, porém, deixar de repercutir no ultramar português outro alvará com força de lei relativo aos escravos de raça negra do reino. Esse documento é um libelo formidável e que se justifica por si só, mas também reverte com toda a força sobre o rei que denuncia por essa forma a escravidão e a tolera nos seus domínios da América e da África.⁴

Esta distinção na sorte dos escravos nas colônias e no reino e ilhas vizinhas é a mesma que entre a sorte e a importância das colônias e a do reino. Para o Brasil a escravidão era ainda muito boa; para Portugal, porém, era a desonra. A área desse imenso império posta em relação com o pudor e a vergonha nacional era muito limitada, de fato não se estendia além do reino e não o abrangia todo. Mas apesar disso o efeito daquela impugnação enérgica à imoralidade e aos abusos da escravidão não podia ser recebido pelos senhores e pelos escravos no Brasil senão como o prenúncio da mesma providência para o ultramar.

Depois veio o período da agitação pela independência. Nessa fermentação geral dos espíritos, os escravos enxergavam uma perspectiva mais favorável de liberdade. Todos eles desejavam instintivamente a independência. A sua própria cor os fazia aderir com todas as forças ao Brasil como pátria. Havia nele para a raça negra um futuro; nenhum em Portugal. A sociedade colonial era por sua natureza uma casa aberta por todos os lados onde tudo eram entradas; a sociedade da mãe pátria era aristocrática, exclusiva, e de todo fechada à cor preta. Daí a conspiração perpétua dos descendentes de escravos pela formação de uma pátria que fosse também sua. Esse elemento poderoso de desagregação foi o fator anônimo da independência. As relações entre os cativos, ou libertos, e os homens de cor, entre estes e os representantes conhecidos do movimento, formam a cadeia de esperanças e simpatias pela qual o pensamento político dos últimos infiltrou-se até as camadas sociais constituídas pelos primeiros. Aliados de coração dos *brasileiros,* os escravos esperaram e saudaram a independência como o primeiro passo para a sua alforria, como uma promessa tácita de liberdade que não tardaria a ser cumprida.

Uma prova de que no espírito não só desses infelizes como também no dos senhores, no dos inimigos da independência, a ideia desta estava associada com a da emancipação, é o documento dirigido ao povo de Pernambuco, depois da Revolução de 1817, pelo governo provisório. Essa proclamação, notável por mais de um título, não é tão conhecida quanto o patriotismo brasileiro tem interesse em que o seja, e por isso a transcrevo em seguida. Ela é hoje um monumento político elevado em 1817 a uma província que representa na história do Brasil o primeiro papel, pela sua iniciativa, seu heroísmo, seu amor à liberdade e seu espírito cavalheiroso, mas em cuja face a escravidão imprimiu a mesma nódoa que em todas as outras:

> Patriotas pernambucanos! A suspeita tem-se insinuado nos proprietários rurais: eles creem que a benéfica tendência da presente liberal revolução tem por fim a emancipação indistinta dos homens de cor e escravos. *O governo lhes perdoa uma suspeita que o honra.* Nutrido em sentimen-

tos generosos não pode jamais acreditar que os homens, por mais ou menos tostados, degenerassem do original tipo de igualdade; mas está igualmente convencido que a base de toda a sociedade regular é a inviolabilidade de qualquer espécie de propriedade. Impelido destas duas forças opostas, deseja uma emancipação que não permita mais lavrar entre eles o cancro da escravidão; mas deseja-a lenta, regular e legal. O governo não engana a ninguém; o coração se lhe sangra ao ver tão longínqua uma época tão interessante, mas não a quer prepóstera. Patriotas: vossas propriedades ainda as mais opugnantes ao ideal da justiça serão sagradas; o governo porá meios de diminuir o mal, não o fará cessar pela força. Crede na palavra do governo, ela é inviolável, ela é santa.

Essas palavras são as mais nobres que até hoje foram ditas por um governo brasileiro em todo o decurso da nossa história. Nem a transação que nelas parece haver com o direito de propriedade do senhor sobre o escravo desfigura-lhes a nobreza. Está-se vendo que essa "propriedade" não tem legitimidade alguma perante os autores da proclamação, que esse fato os envergonha e humilha. Os revolucionários de Pernambuco compreenderam e sentiram a incoerência de um movimento nacional republicano que se estreava reconhecendo a propriedade do homem sobre o homem, e não há dúvida de que essa contradição deslustrou para eles a independência que proclamaram. Essa revolução que no dizer dos seus adeptos "mais pareceu festejo de paz que tumulto de guerra", essa alvorada do patriotismo brasileiro que tem a data de 6 de março de 1817, foi o único de todos os nossos movimentos nacionais em que os homens que representavam o país corram de pejo, ou melhor, choraram de dor, ao ver que a escravidão dividia a nação em duas castas, das quais uma, apesar de partilhar a alegria e o entusiasmo da outra, não teria a mínima parte nos despojos da vitória. Que significa, porém, aquele documento em que a necessidade de aliciar os proprietários rurais não impediu o governo de dizer que desejava a *emancipação, lenta, regular e legal*, que o *coração se lhe sangrava,* que a propriedade escrava era a mais opugnante ao ideal da justiça, e *que ele poria meios de diminuir o mal*? Significa que os mártires da independência se viram colocados entre a escravidão e o cadafalso; temendo que a união dos "proprietários rurais" com as forças portuguesas afogasse em sangue esse primeiro sonho realizado de um Brasil independente, se o fim da colônia se lhes afigurasse como o fim da escravidão.

Isso dava-se no Norte. Que no Sul a causa da independência esteve intimamente associada com a da emancipação, prova-o a atitude da Constituinte e de José Bonifácio. Aquela em um dos artigos do seu projeto de Constituição inscreveu o dever da assembleia de criar estabelecimento para a "emancipação lenta dos negros e sua educação religiosa e industrial". A Constituição do Império não contém semelhante artigo. Os autores desta última entenderam não dever nodoar o foral da emancipação política do país, aludindo à existência da escravidão, no presente. A palavra *libertos* do artigo pelo qual esses são declarados cidadãos brasileiros e do artigo 94, felizmente revogado, que os declarava inelegíveis para deputados, podia referir-se a uma ordem anterior à Constituição e destruída por esta. No mais os estatutos da nossa nacionalidade não fazem referência à escravidão. Essa única pedra, posta em qualquer dos recantos daquele edifício, teria a virtude de convertê-lo com a sua fachada monumental do artigo 179 num todo monstruoso. Por isso os organizadores da Constituição não quiseram deturpar a sua obra descobrindo-lhe os alicerces. José Bonifácio, porém, o chefe desses Andradas – Antônio Carlos tinha estado muito perto do cadafalso no movimento de Pernambuco – em quem os homens de cor, os libertos, os escravos mesmos, os humildes todos da população que sonhava a independência tinham posto a sua confiança, redigira para ser votado pela Constituinte um projeto de lei sobre os escravos.

Esse projeto para o abolicionismo atual é insuficiente, apesar de que muitas das suas providências seriam ainda hoje um progresso humanitário em nossa lei; mas se houvesse sido adotado naquela época, e sobretudo se o "patriarca da independência" houvesse podido insuflar nos nossos estadistas desde então o espírito largo e generoso de liberdade e justiça que o animava, a escravidão teria por certo desaparecido do Brasil há mais de meio século.

Artigos como estes, por exemplo – os quais seriam repelidos pela atual legislatura com indignação –, expressam sentimentos que, se houvessem impulsado e dirigido séria e continuadamente os poderes públicos, teriam feito mais do que nenhuma lei para moralizar a sociedade brasileira:

Artigo 5. Todo o escravo, *ou alguém por ele,* que oferecer ao senhor o *valor por que foi vendido,* ou por que fora avaliado, será imediatamente forro. – *Artigo 6.* Mas se o escravo, ou alguém por ele, não puder pagar todo o preço por inteiro, logo que apresentar a sexta parte dele, será o senhor obrigado a recebê-la, e lhe dará um dia livre na semana, e assim à proporção mais dias quando for recebendo as outras sextas partes até o valor total. – *Artigo 10.* Todos os homens de cor forros, que não tiverem ofício ou modo certo de vida, receberão do Estado uma pequena sesmaria de terra para cultivarem, e receberão, outrossim, dele os socorros necessários para se estabelecerem, cujo valor irão pagando com o andar do tempo. *Artigo 16.* Antes da idade de doze anos não deverão os escravos ser empregados em trabalhos insalubres e demasiados; e o Conselho (o Conselho Superior Conservador dos Escravos, proposto no mesmo projeto) vigiará sobre a execução deste artigo para bem do Estado e dos mesmos senhores. – *Artigo 17.* Igualmente os Conselhos Conservadores determinarão em cada província, seguindo a natureza dos trabalhos, as horas de trabalho, e o sustento e vestuário dos escravos. – *Artigo 31.* Para vigiar na estrita execução da lei e para se promover por todos os modos possíveis o bom tratamento, morigeração e emancipação sucessiva dos escravos, haverá na capital de cada província *um Conselho Superior Conservador dos Escravos.*

E assim diversos outros artigos sobre penas corporais, serviços das escravas no tempo, e logo depois da gravidez, casamentos e instrução moral dos escravos, mercês públicas aos senhores que dessem alforria a famílias, posse de escravos por eclesiásticos.

Não há na lei de 28 de setembro nada nesse sentido que revele cuidado e desvelo pela natureza humana no escravo: o legislador neste caso cumpriu apenas um dever, sem amor, quase sem simpatia; naquele, em falta de liberdade imediata que lhe pesava não poder decretar, ele mostrou pelas vítimas da injustiça social o mais entranhado interesse, carinho mesmo, que não podia deixar de ir-lhes direito ao coração.

É entretanto no magnífico, e – lido hoje à luz da experiência dos últimos sessenta anos – melancólico apelo dirigido aos brasileiros por José Bonifácio do seu exílio em França[5], que se pode achar a concepção do estadista de que o Brasil com a escravidão não era uma pátria digna de homens livres:

> Sem a emancipação dos atuais cativos nunca o Brasil firmará sua independência nacional e segurará e defenderá a sua liberal constituição. Sem liberdade individual não pode haver civilização, nem sólida riqueza; não pode haver

moralidade e justiça, e sem estas filhas do céu não há nem pode haver brio, força e poder entre as nações.

Essa defesa ardente, essa promoção espontânea e apaixonada dos direitos dos escravos pelo mais ilustre de todos os brasileiros, teve origem nos extremos do seu patriotismo, no desejo de completar a sua grande obra, porém não lhe foi de certo estranha a convicção de que a independência com o cativeiro indefinido, isto é, perpétuo dos escravos, era um golpe cruel na esperança de que estavam possuídos todos eles, nos anos que precederam e nos que seguiram aquele acontecimento, instintivamente, só por serem testemunhas do entusiasmo da época, e por terem respirado o mesmo ar que dilatava todos os corações. A independência não foi uma promessa formal, escrita, obrigatória, feita pelos brasileiros aos escravos; não podia, porém, deixar de ser, e foi, e assim o entenderam os mártires pernambucanos e os Andradas, uma promessa resultante da afinidade nacional, da cumplicidade revolucionária, e da aliança tácita que reunia em torno da mesma bandeira todos os que sonhavam e queriam o Brasil independente por pátria.

VII

ANTES DA LEI DE 1871

"Por cinco anos choveu sobre as almas dos míseros cativos, como o maná sobre os israelitas no deserto, a esperança da liberdade bafejada do trono."

Cristiano Ottoni

As promessas de liberdade do segundo e extenso período desde a Independência até a Lei Rio Branco datam de poucos anos, relativamente a certa parte da população escrava, e do fim do Primeiro Reinado, relativamente à outra.

Os direitos desta última – que vem a ser os africanos importados depois de 1831 e os seus descendentes – são discutidos mais longe. Por ora basta-nos dizer que esses direitos não se fundam sobre promessas mais ou menos contestáveis, mas sobre um tratado internacional e em lei positiva e expressa. O simples fato de achar-se pelo menos metade da população escrava do Brasil escravizada com postergação manifesta da lei e desprezo das penas que ela fulminou, dispensar-nos-ia de levar por diante este argumento sobre os compromissos públicos tomados para com os escravos.

Quando a própria lei, como se o verá exposto com toda a minudência, não basta para garantir à metade, pelo menos, dos indivíduos escravizados, a liberdade que decretou para eles; quando um artigo tão claro como este: "Todos os escravos que entraram no território ou portos do Brasil, vindos de fora, ficam livres"[6] nunca foi executado, e a referenda de Diogo Antônio Feijó nunca foi honrada nem pelos ministros da Regência nem pelos do Segundo Reinado: que valor obrigatório podem ter movimentos nacionais de caráter diverso, atos na aparência alheios à sorte dos escravos, declarações oficiais limitadas ao efeito que deviam produzir? Em outras palavras, de que servem tais apelos à consciência, à lealdade, ao sentimento de justiça da nação, quando metade dos escravos estão ilegalmente em cativeiro? Para que apresentar ao Estado a pagamento uma dívida de honra, da qual ele ou nunca teve consciência ou de todo se esqueceu, quando ele próprio ousadamente repudiou, alegando coação do estrangeiro, essa escritura pública solene lavrada pela Assembleia Geral, e rubricada pela Regência Trina?

Útil ou inútil, o protesto dos escravos deve entretanto ser feito em cada uma das suas partes conforme a natureza das obrigações contraídas para com eles. Numa proporção enorme essa obrigação do Estado é para eles uma lei, e uma lei feita em desempenho de um tratado internacional. Por isso mais tarde veremos de que modo e em que termos esse direito dos escravos foi reivindicado perante o governo brasileiro pela diplomacia inglesa. Há infinitamente mais humilhação para nós nessa evidente denegação de justiça por parte daquele, do que no apresamento de navios negreiros em nossos portos por ordem desta. O nosso argumento, feita essa ressalva importante – que é toda a questão, por assim dizer –, refere-se por enquanto aos escravos que nem por si nem por suas mães têm direito à liberdade fundados numa lei expressa. É escusado dizer-se que estes são todos – exceto raros africanos ainda em cativeiro importados no Primeiro Reinado – brasileiros de nascimento.

Os fatos em que estes podem haver fundado uma esperança, e que certamente obrigam a honra do país, datam de pouco antes da lei de 28 de setembro. Esses compromissos nacionais com relação aos escravos existentes são principalmente os seguintes: a alforria de escravos para a Guerra do Paraguai; a Fala do Trono de 1867, e a correspondência entre os abolicionistas europeus e o Governo Imperial; a ação pessoal do Conde d'Eu no Paraguai como general em chefe do exército; a conexão da emancipação anunciada com o fim da guerra; a elaboração do projeto de emancipação no Conselho de Estado; a agitação do Partido Liberal consecutivamente à organização do ministério Itaboraí, a queda desse ministério e a subida do gabinete São Vicente; a oposição à proposta Rio Branco; os vaticínios da dissidência; a guerra organizada contra o governo e o imperador pela lavoura do Sul; a própria lei de 28 de setembro de 1871, interpretada pelos que a defenderam e sustentaram, e as perspectivas de futuro abertas durante a discussão.

Sem entrar nos detalhes de cada um desses pontos históricos, é possível apontar de modo que não admita nenhuma dúvida de boa-fé a relação entre todos eles e a sorte dos escravos.

O efeito do decreto de 6 de novembro de 1866 que concedeu gratuitamente liberdade aos escravos da nação que pudessem servir no exército, e estendeu o mesmo benefício sendo eles casados às suas mulheres, foi um desses efeitos que se não podem limitar ao pequeno círculo onde diretamente se exercem. Além disso, nas condições difíceis em que o Brasil se achava então, quando a onda dos *voluntários* espontâneos estava sendo a custo suprida pelo recrutamento, odioso à população, porque era sorrateiro, vexatório, político, e sujeito a empenhos, é certo que o governo pensou em armar, resgatando-os, grande número de escravos.[7] Os títulos de nobreza concedidos aos senhores que forneciam escravos para o exército mostram o interesse que tinha o Estado em achar soldados entre os escravos.

Essa cooperação dos escravos com o exército era o enobrecimento legal e social daquela classe. Nenhum povo, a menos que haja perdido o sentimento da própria dignidade, pode intencionalmente rebaixar os que estão encarregados de defendê-lo, os que fazem profissão de manter a integridade, a independência e a honra nacional. Por isso não era o exército que o governo humilhava indo buscar soldados nas fileiras ínfimas dos escravos; eram os escravos todos que ele elevava. Entre o senhor que ele fazia titular, e o escravo que fazia soldado, a maior honra era para este. A significação de tais fatos não podia ser outra para a massa dos escravos brasileiros senão que o Estado, por sua própria dignidade, procuraria no futuro fazer cidadãos os companheiros daqueles que tinham ido morrer pela pátria no mesmo dia em que tiveram uma. A influência, na imaginação dessa classe, de semelhantes atos dos poderes públicos, aos quais ela atribui, na sua ignorância supersticiosa, mais coerência, memória, respeito próprio e sentimento de justiça do que eles com efeito têm, devia ter sido muito grande. Desde esse dia pelo menos o governo deu aos escravos uma classe social por aliada: o Exército.[8]

A Fala do Trono de 22 de maio de 1867 foi para a emancipação como um raio, caindo de um céu sem nuvens.[9] Esse oráculo sibilino em que o engenhoso eufemismo *elemento servil* amortecia o efeito da referência do chefe do Estado à escravidão e aos escravos – a instituição podia existir no país, mas o nome não devia ser pronunciado do alto do trono em pleno Parlamento – foi como a explosão de uma cratera. Aquele documento prende-se intimamente a dois outros que representam importante papel em nossa história: a mensagem da junta de Emancipação em França ao imperador e a resposta do ministro da Justiça em nome deste e do governo brasileiro. A segunda dessas peças humanitárias foi assinada pelo Conselheiro Martim Francisco, e a primeira pelos seguintes abolicionistas franceses: o Duque de Broglie, Guizot, Laboulaye, A. Cochin, Andaluz, Borsier, Príncipe de Broglie, Gaumont, Léon Lavedan, Henri Martin, Conde de Montalembert, Henri Moreau, Edouard de Pressensé, Wallon, Eugéne Yung.

Nessa mensagem diziam esses homens, a maior parte deles conhecidos do mundo inteiro: "Vossa Majestade é poderoso no seu Império; uma vontade de Vossa Majestade pode produzir a *liberdade de dois milhões de homens*". Não era assim a emancipação das gerações futuras que eles reclamavam em nome da *humanidade e da justiça*; era a emancipação dos próprios escravos existentes, esses e não outros. Na resposta do ministro não há uma só reserva quanto ao modo de entender a abolição da escravatura; o imperador agradece o alto apreço em que é tido por homens tão notáveis, e não insinua a mínima divergência de vistas com eles. A resposta deve ser explicada de acordo com a pergunta, o que se promete com o que foi pedido. É só assim que as palavras finais do ministro da Justiça terão o seu verdadeiro relevo.

> A emancipação dos escravos, consequência necessária da abolição do tráfico, *é somente uma questão de forma e oportunidade*. Quando as penosas circunstâncias em que se acha o país o consentirem, o governo brasileiro considerará como objeto de primeira importância a realização do que o espírito do cristianismo desde há muito reclama do mundo civilizado.[10]

Aí está um compromisso claro e terminante, tomado solenemente perante a Europa em 1867 a favor de dois milhões de homens, os quais estão ainda – os que existem dentre eles – esperando que o Estado descubra a *forma* e encontre a *oportunidade* de realizar *o que o espírito do cristianismo desde há muito reclama do mundo civilizado,* e que este já realizou com exceção apenas do Brasil.

A iniciativa tomada contra a escravidão no Paraguai pelo Conde d'Eu, marido da Princesa Imperial, como general em chefe do nosso exército, foi outro compromisso aceito à face do mundo. Como poderia este acreditar que o ato do general brasileiro exigindo do vencido a abolição da escravidão não envolvia para o vencedor a obrigação moral de fazer outro tanto no seu próprio território? Esse exército, cuja coragem e perseverança habilitou o príncipe que o comandava a impor ao inimigo o seu desejo humanitário, como uma ordem que foi logo obedecida, era composto em parte de homens que tinham passado pelo cativeiro. Talvez o Conde d'Eu não se tenha lembrado disso ao reclamar a emancipação dos escravos na República, nem de que os havia em número incomparavelmente maior no império; mas o mundo não podia esquecer um e outro fato, ao ter conhecimento daquela nobre exigência e do modo como foi satisfeita.

"Se vós lhes concederdes [aos escravos] a liberdade que eles pedem", escrevia o príncipe ao Governo Provisório do Paraguai em Assunção, "tereis rompido solenemente com uma instituição que foi infelizmente legada a muitos povos da livre América por séculos de despotismo e de deplorável ignorância". A resposta a esse apelo foi um decreto, em 2 de outubro de 1869, cujo artigo 1º dizia: "Fica desde hoje abolida totalmente a escravidão no território da República". O compromisso nacional de fazer tudo o que estivesse ao alcance do Império para imitar o procedimento do Paraguai foi tão claramente tomado por aquele episódio final da campanha como se houvesse sido exarado no próprio Tratado de Paz. Essa dívida de honra só pode ser negada, admitindo-se o princípio de que é legítimo e honesto para uma nação derribar no território inimigo, por ela ocupado e à sua completa mercê, com o pretexto de humanidade e cristianismo, uma instituição da qual está firmemente resolvida a tirar dentro das suas fronteiras todo o lucro possível até a extinção das últimas vítimas. Semelhante noção, porém, reduziria a guerra à pirataria, o comandante de um exército a um chefe de salteadores, e é de todo inaceitável para os que julgam, na frase de John Bright, "a lei moral tão obrigatória para as nações como o é para os indivíduos".

Quanto à esperança proveniente da agitação antes e depois da campanha parlamentar que deu em resultado a lei de 1871, e às promessas depois feitas, baste-nos dizer em geral, por ora, que a oposição levantada contra aquele ato devia ter espalhado entre os escravos a crença de que o fim do seu cativeiro estava próximo. Os acessos de furor de muitos proprietários; a linguagem de descrédito usada contra a Monarquia nas fazendas, cujas paredes também têm ouvidos; a representação do imperador, cujo nome é para os escravos sinônimo de força social e até de providência, como sendo o protetor da sua causa, e por fim o naufrágio total da campanha contra o governo; cada uma das diferentes emoções daquela época agitada parecia calculada para infundir no barro do escravo o espírito do homem e insuflar-lhe a liberdade.

Desde o dia em que a Fala do Trono do gabinete Zacarias inesperadamente, sem que nada o anunciasse, suscitou a formidável questão do *elemento servil*, até ao dia em que passou no Senado, no meio de aclamações populares e ficando o recinto coberto de flores, a Lei Rio Branco, houve um período de ansiedade, incômoda para a lavoura, e para os escravos, pela razão contrária, cheia de esperança. A subida do Visconde de Itaboraí em 1868, depois dos compromissos tomados naquela Fala e na célebre carta aos abolicionistas europeus, significava: ou que o imperador ligava então, por causa talvez da guerra, maior importância ao estado do Tesouro que à reforma servil, ou que em política, na experiência de Dom Pedro II, a linha reta não era o caminho mais curto de um ponto a outro. Como se sabe também, aquele ministro caiu sobretudo pela atitude assumida nessa mesma questão pelos seus adversários, e pelos amigos que o queriam ver por terra. A chamada do Visconde de São Vicente para substituí-lo foi sinal de que a reforma da emancipação, que ficará para sempre associada entre outros com o nome daquele estadista, ia de fato ser tentada; infelizmente o presidente do Conselho organizou um ministério dividido entre si, e que por isso teve de ceder o seu lugar a uma combinação mais homogênea para o fim que a nação e a coroa tinham em vista. Foi essa o ministério Rio Branco.

Durante todo esse tempo de retrocesso e hesitação, o Partido Liberal, que inscrevera no seu programa em 1869 "a emancipação dos escravos", agitou por todos os modos o país, no Senado, na imprensa, em conferências públicas. "Adiar indefinidamente a questão", dizia no Senado aos conservadores naquele ano o Senador Nabuco, presidente do Centro Liberal, "não é possível; nisto não consente o Partido Liberal, que desenganado de que nada fareis há de agitar a questão". E em 1870, com mais força, insistia aquele estadista:

> Senhores, este negócio é muito grave; é a questão mais importante da sociedade brasileira, e é imprudência abandoná-la ao azar. Quereis saber as consequências? Hei de dizê-lo com toda a sinceridade, com toda a força das minhas convicções: o pouco serve hoje, e o muito amanhã não basta. As coisas políticas têm por principal condição a oportunidade. As reformas por poucas que sejam valem muito na ocasião, não satisfazem depois, ainda que sejam amplas. Não quereis os meios graduais; pois bem, haveis de ter os meios simultâneos; não quereis as consequências de uma medida regulada por vós pausadamente, haveis de ter a incerteza da imprevidência; não quereis ter os inconvenientes econômicos por que passaram as Antilhas inglesas e francesas, correis o risco de ter os horrores de São Domingos.

Como podia a agitação de um dos grandes partidos nacionais, havia pouco ainda no poder, em favor dos escravos, deixar de inspirar-lhes a confiança de que a sua liberdade, talvez próxima, talvez distante, era em todo o caso certa? O grito de combate que repercutia no país não era "a emancipação dos nascituros", nem há senão figuradamente *emancipação* de indivíduos ainda não existentes; mas sim "a emancipação dos escravos". Os direitos alegados, os argumentos produzidos, eram todos aplicáveis às gerações atuais. Semelhante terremoto não podia restringir o seu tremendo abalo à área marcada, desmoronava o solo não edificado sem fender a parte contígua. O impulso não era dado aos interesses de partido, mas à consciência humana, e, quando de uma revolução se quer fazer uma reforma, é preciso pelo menos que esta tenha o leito bastante largo para deixar passar a torrente. Tudo o que se disse durante o período da incerteza, quando a oposição tratava de arrancar ao Partido Conservador a reforma que este lhe sonegava[11], constitui outras tantas promessas feitas solenemente aos escravos. Na agitação não se teve o cuidado de dizer a estes que a medida não era em seu favor, mas somente em favor de seus filhos; pelo contrário falava-se das gerações atuais e das gerações futuras conjuntamente, e na bandeira levantada do Norte ao Sul não havia artigos de lei inscritos, havia apenas o sinal do combate em uma palavra, *emancipação*.

Agora vejamos as promessas que se podiam legitimamente deduzir dessa mesma lei de 28 de setembro de 1871 que foi, e não podia deixar de ser, uma tremenda decepção para os escravos, os quais ouviam antes dizer que o imperador queria a *emancipação* e que a *emancipação* ia ser feita. Considerado a princípio como uma espoliação pela aristocracia territorial, aquele ato legislativo que não restringiu de modo algum os direitos adquiridos, tornou-se com o tempo o seu melhor baluarte. Mas não é o que se diz hoje, que tem valor para nós; é o que se dizia antes da lei. Para medir-lhe o alcance é preciso atendermos ao que pensavam então, não os que a fizeram, mas os que a combateram. Neste caso a previdência, curioso resultado da cegueira moral, esteve toda do lado destes; foram eles que mediram verdadeiramente as consequências reais da lei, que lhe apontaram as incoerências e os absurdos, e que vaticinaram que essa não podia ser, e não havia de ser, a solução de tão grande problema.

VIII

As promessas da "Lei de emancipação"

"A grande injustiça da lei é não ter cuidado das gerações atuais."

J.A. Saraiva

Não pretendo neste capítulo estudar a Lei Rio Branco senão de um ponto de vista: o das esperanças razoáveis que pode deduzir do seu conjunto, e das condições em que foi votada, quem atribua ao nosso Poder Legislativo firmeza de propósito, seriedade de motivos, pundonor nacional, e espírito de equidade. Não se o julgamento resoluto, refletido, patriótico e justo, não se pode derivar da lei esperança alguma, e deve-se mesmo temer que ela não seja pontualmente executada, como não foi a de 7 de novembro de 1831, feita quando a nação estava ainda à mercê dos agentes do tráfico.

A lei de 28 de setembro de 1871[12], seja dito incidentemente, foi um passo de gigante dado pelo país. Imperfeita, incompleta, impolítica, injusta, e até absurda, como nos parece hoje, essa lei foi nada menos do que o bloqueio moral da escravidão. A sua única parte definitiva e final foi este princípio: "Ninguém mais nasce *escravo*". Tudo o mais, ou foi necessariamente transitório, como a entrega desses mesmos *ingênuos* ao cativeiro até aos vinte e um anos; ou incompleto, como o sistema de resgate forçado; ou insignificante, como as classes de escravos libertados; ou absurdo, como o direito do senhor da escrava à indenização de uma apólice de 600$000 pela criança de oito anos que não deixou morrer; ou injusto, como a separação do menor e da mãe, em caso de alienação desta. Isso quanto ao que se acha disposto na lei; quanto ao que foi esquecido o índice das omissões não teria fim. Apesar de tudo, porém, o simples princípio fundamental em que ela assenta basta para fazer dessa lei o primeiro ato de legislação humanitária da nossa história.

Reduzida à expressão mais simples, a lei quer dizer a extinção da escravatura dentro de um prazo de meio século; mas essa extinção não podia ser decretada para o futuro sem dar lugar à aspiração geral de vê-la decretada para o presente. Não são os escravos somente que se não contentam com a liberdade dos seus filhos e querem também ser livres; somos nós todos que queremos ver o Brasil desembaraçado e purificado da escravidão, e não nos contentamos com a certeza de que as gerações futuras hão de ter esse privilégio. A lei de 28 de setembro, ao dizer aos escravos: "Os vossos filhos d'ora em diante nascerão *livres,* e chegando à idade da emancipação civil serão cidadãos", esqueçamos por enquanto os *serviços,* disse implicitamente a todos os brasileiros: "Os vossos filhos, ou os vossos netos, hão de pertencer a um país regenerador".

Essa promessa dupla poderia parecer final aos escravos, não porém aos livres. O efeito dessa perspectiva de uma pátria respeitada e honesta para os que vierem depois de nós não podia ser outro senão o de despertar em nós mesmos a ambição de pertencer-lhe. Quando um Estado qualquer aumenta para o futuro a honra e a dignidade dos seus nacionais, nada mais natural do que reclamarem contra esse adiamento os que se veem na posse do título diminuído. Não é provável que os escravos tenham inveja da sorte dos seus filhos; mas que outro sentimento nos pode causar, a nós cidadãos de um país de escravos, a certeza de que a geração futura há de possuir essa mesma pátria moralmente engrandecida – por ter a escravidão de menos?

É nesse sentimento de orgulho, ou melhor, de pundonor nacional, inseparável do verdadeiro patriotismo, que se funda a primeira esperança de que a lei de 28 de setembro não seja a solução do problema individual de cada escravo e de cada brasileiro.

As acusações levantadas contra o projeto, se não deviam prevalecer para fazê-lo cair – porque as imperfeições, deficiências, absurdos, tudo o que se queira, da lei são infinitamente preferíveis à lógica da escravidão –, mostravam os pontos em que, pela opinião mesma dos seus adversários, a reforma, uma vez promulgada, precisaria ser moralizada, alargada e desenvolvida. A lei de 28 de setembro não deve ser tomada como uma transação entre o Estado e os proprietários de escravos, mas como um ato de soberania nacional. Os proprietários tinham tanto direito de impor a sua vontade ao país quanto qualquer outra minoria dentro dele. A lei não é um tratado com a cláusula subentendida de que não poderá ser alterado sem o acordo das partes contratantes. Pelo contrário, foi feita com a inteligência dos dois lados, seguramente com a previsão da parte dos proprietários, de que seria somente um primeiro passo. Os que a repeliram, diziam que ela equivalia à abolição imediata[13]; dos que a votaram, muitos qualificaram-na de deficiente e expressaram o desejo de vê-la completada por outras medidas, notavelmente pelo prazo. Quando, porém, o Poder Legislativo fosse unânime em dar à Lei Rio Branco o alcance e a significação de uma solução definitiva da questão, aquela legislatura não tinha delegação especial para ligar as futuras câmaras, nem o direito de fazer leis que não pudessem ser ampliadas ou revogadas por estas. Mais tarde veremos que profecias terríveis foram feitas então, que medidas excepcionais foram julgadas precisas.

Outra pretensão singular é a de que esse ato legalizou todos os abusos que não proscreveu, anistiou todos os crimes que não puniu, revogou todas as leis que não mencionou. Pretende-se mesmo que essa lei, que aboliu expressamente as antigas revogações de alforria, foi até revogar por sua vez a carta de liberdade que a lei de 7 de novembro de 1831 dera a todos os africanos importados depois dela. Não admira essa hermenêutica em matéria de escravidão – matéria em que na dúvida, aí não há dúvida alguma, é o princípio da liberdade que prevalece – quando lemos ainda hoje editais para a venda judicial de *ingênuos*.[14]

Essa interpretação todavia – séria como é, por ser a nossa magistratura na sua generalidade cúmplice da escravidão, como o foi, tanto tempo, do tráfico – aparta-se demasiado da opinião pública para pôr verdadeiramente em perigo o caráter da lei de 28 de setembro. Vejamos, deixando de parte a construção escravagista da lei, em que pontos, pelos próprios argumentos dos que a combateram, estava indicada desde o princípio a necessidade de reformá--la, e, pelos argumentos dos que a promoveram, a necessidade de alargá-la e de aumentar-lhe o alcance. Comecemos pelos últimos.

Em geral pode-se dizer que a lei foi deficiente em omitir medidas propostas muito antes no Parlamento, como, por exemplo, o Projeto Wanderley (de 1854) que proibia o tráfico interprovincial de escravos. A lei que libertou os nascituros podia bem ter localizado a escravidão nas províncias. Igualmente pontos capitais sustentados com toda a força no Conselho de Estado, como, por exemplo, a fixação do preço máximo para a alforria, a revogação da pena bárbara de açoites e da lei de 10 de junho de 1835, a proibição de dividir a família escrava, incompletamente formulada na lei de 15 de setembro de 1869, foram deixados de parte na proposta do governo e por isso o *Código negro brasileiro,* civil e penal, continua, depois da lei chamada de emancipação, a ser em geral tão bárbaro quanto antes.

A direção principal entretanto, em que se propôs o alargamento da lei, foi a do prazo. Nessa matéria Sousa Franco teve a maior parte, e o prazo por mim proposto na Câmara dos Deputados em 1880 não foi senão a execução do plano delineado por aquele estadista na seguinte proposta que apresentou no Conselho de Estado em 1867:

> Que a declaração do dia em que cessa a escravidão no Império deve ficar para o décimo ano da execução da lei

supra sendo o artigo o seguinte: – Art. 23. No décimo ano da execução desta lei, o governo, tendo colhido todas as informações, as apresentará à Assembleia Geral Legislativa, com a estatística dos libertados, em virtude de sua execução, e do número dos escravos então existentes no Império para que, sob proposta também sua, se fixe o prazo em que a escravidão cessará completamente.[15]

A disposição [acrescentava ele em 1868] cuja falta é mais sensível [no projeto em discussão no Conselho de Estado] é a do prazo em que a escravidão cesse em todo o Império. O projeto, calando-se sobre este ponto muito importante, parece ter tido por fim evitar reclamações de prazo muito breve, que assuste os proprietários de escravos, e também a melindrosa questão da indenização. *Não satisfaria porém a opinião que exige compromisso expresso da extinção da escravidão.*

O prazo, por outro lado, era combatido no grupo liberal mesmo, por demasiado extenso. Pimenta Bueno, depois Marquês de São Vicente, propusera o dia 31 de dezembro de 1899 para a abolição completa no Império com indenização. Foi esse o prazo discutido no Conselho de Estado[16], onde foi julgado por uns muito longo para os escravos, e por outros afastado demais para ser marcado em 1867. A extensão do prazo era com efeito absurda.

Não concorda com o artigo do projeto [São Vicente] – foi o voto do Conselheiro Nabuco – que marca como termo da escravidão o último dia do ano de 1899. Se não podemos marcar um prazo mais breve, é melhor nada dizer: cada um calcule pela probabilidade dos fatos naturais dos nascimentos e óbitos, e pelas medidas do projeto, quando acabará a escravidão: *a declaração de um quarto de século não é lisonjeira ao Brasil.*

No Senado, porém, na discussão da lei, foi apresentado um prazo mais curto – o de vinte anos – pelo Senador Silveira da Mota. Esse prazo levava a escravidão até ao ano de 1891 do qual ela se vai aproximando *sem limitação alguma*. Ainda esse prazo pareceu longo demais ao Senador Nabuco, o qual disse no Senado: *Eu não sou contrário à ideia do prazo, não como substitutiva da ideia do projeto, mas como complementar dela.*

O prazo dado à escravidão pela lei proposta era de cinquenta ou sessenta anos, mas havia, além da liberdade pelo nascimento, as medidas da lei e a esperança de que, uma vez votada essa, "a porfia dos partidos seria para que a emancipação gradual fosse *a mais ampla e a mais breve possível*".[17] Por isso o prazo era um meio apenas de proteger os interesses das gerações existentes de escravos, de preencher de alguma forma a lacuna que faz a grande injustiça da lei, na frase do Sr. Saraiva, que serve de epígrafe a este capítulo.

A lei *não cuidou das gerações atuais*; mas foi feita em nome dessas, arrancada pela compaixão e pelo interesse que a sua sorte inspirava dentro e fora do país, espalhando-se pelo mundo a notícia de que o Brasil havia emancipado os seus escravos; e por isso durante toda a discussão o sentimento predominante era de pesar, por se fazer tanto pelos que ainda não tinham nascido e tão pouco pelos que haviam passado a vida no cativeiro.

Aqui entram os argumentos dos inimigos do projeto. A injustiça de libertar os nascituros, deixando entregues à sua sorte os escravos existentes, não podia escapar, nem escapou, aos amigos da lei, e foi-lhes lançada em rosto pelos contrários. O interesse desses pelos velhos escravos vergados ao peso dos anos não podia ser expresso de modo mais patético do que, por exemplo, pela lavoura de Piraí nas palavras que vou grifar:

> Fundada na mais manifesta injustiça relativa entre os escravos – diziam os agricultores daquele município –, a

proposta concede o favor da liberdade aos que, pelo cego acaso, nasceram depois de tal dia, conservando entretanto na escravidão *os indivíduos que por longos, proveitosos e relevantes serviços mais jus têm à liberdade*.

Esse era o grande, o formidável grito dos inimigos da proposta: "Libertais", diziam eles, "as gerações futuras, e nada fareis pelos que estão, há trinta, quarenta, cinquenta anos, e mais, mergulhados na degradação do cativeiro". A isso respondiam os partidários da reforma: "Não nos esquecemos das gerações atuais; para elas há a liberdade gradual", ou na frase do Senador Nabuco: "Confiem os escravos na emancipação gradual". O compromisso do país para com estes não podia ser mais solene.

Dizia-se-lhes:

> Por ora decretamos a liberdade dos vossos filhos ainda não nascidos, mas a vossa não há de tardar: a lei estabeleceu meios, criou um fundo de emancipação que vos libertará a todos, providenciou para encontrardes nas sociedades de emancipação o capital preciso para a vossa alforria.

Por outro lado, a lei foi antes denunciada como devendo ser o fim da escravidão. Já vimos o que se disse na câmara. Em toda a parte se repetia que viria a abolição logo após ela. Os receios do Marquês de Olinda, de que o Estado fosse "posto em convulsão"[18], não se verificaram; mas esses receios provinham do conhecimento da lógica das coisas humanas que esta frase do Visconde de Itaboraí revela:

> Nem é preciso terem os escravos muito atilamento para compreender que os mesmos direitos dos filhos devem ter seus progenitores, nem se pode supor que vejam com

indiferença esvaecerem-se-lhes as esperanças de liberdade, que têm afagado em seus corações.

Está aí claramente um ponto da lei de 28 de setembro no qual os seus adversários tinham razão em querer harmonizá-la com a justiça. O grito: "Deveis fazer pelas gerações atuais pelo menos tanto quanto baste ou seja preciso para que não se torne para elas uma decepção o que fizestes pelas gerações futuras", partiu dos inimigos da proposta; se esse grito nenhum valor moral tinha para impedir as câmaras de votá-la, hoje que essa resposta é lei do Estado, os próprios que o levantaram estão obrigados a moralizar a lei.

O Sr. Cristiano Ottoni disse há dois anos da tribuna do Senado aos que combateram a reforma de 1871: "O que o patriotismo aconselha é que nos coloquemos dentro da lei de 28 de setembro; mas para estudar seus defeitos e lacunas, para corrigi-los e suprimi-los". Ora esses defeitos e lacunas denunciados pela oposição eram principalmente o abandono da geração presente e a condição servil dos *ingênuos* até os vinte e um anos. O mais estrênuo dos adversários da lei reconheceu então que "a nação brasileira tinha assumido sérios compromissos perante as nações", e que a promessa de libertação dos escravos por um fundo de amortização era uma dívida de honra. "Por cinco anos, disse ele, choveu sobre as almas dos míseros cativos, como o maná sobre os israelitas no deserto, a esperança da liberdade, bafejada do trono".[19]

Quanto aos *ingênuos,* por exemplo, com que aparência de lógica e de sentimento da dignidade cívica não denunciavam os adversários da lei a criação dessa classe de futuros cidadãos educados na escravidão e com todos os vícios dela. Ainda o mesmo Sr. Cristiano Ottoni, num discurso no Clube da Lavoura e do Comércio, expressava-se assim a respeito dessa classe:

E que cidadãos são esses? Como vêm eles depois para a sociedade, tendo sido cativos de fato, não sabendo ler nem escrever, não tendo a mínima noção dos direitos e deveres do cidadão, inçados de todos os vícios da senzala? *(Apoiados).* Vícios da inteligência e vícios do coração? *(Apoiados).*

Esses *apoiados* dos próprios diretamente responsáveis pelos *vícios da senzala* são pelo menos inconscientes.

O argumento é por sua natureza abolicionista; formulado pelos mesmos que queriam manter esses *ingênuos* na condição de escravos, é uma compaixão mal colocada e a condenação apenas da capacidade política dos libertos.

Apesar disso, porém, quando o Sr. Paulino de Sousa exprobrava ao Visconde do Rio Branco "essa classe predileta dos novos *ingênuos* [que o Visconde de Itaboraí chamara *escravos-livres*], educados na escravidão até aos vinte e um anos, isto é, durante o tempo em que se formam o caráter moral, a inclinação e os hábitos dos indivíduos", aquele chefe conservador, sem o querer por certo, mostrava um dos defeitos capitais da lei, que precisava de ser emendado de acordo com o sentimento da dignidade cívica. Não há razão, e a nossa lei constitucional não permite dúvida, para que o liberto, o que foi escravo, não seja cidadão; mas há sérios motivos para que os *ingênuos,* cidadãos como quaisquer outros, não sejam educados no cativeiro. Já que esses *ingênuos* existem, não será dever estrito dos que viram tão claramente esse erro da lei concorrer para que "o caráter moral, a inclinação e os hábitos" de centenas de milhares de cidadãos brasileiros sejam formados longe da atmosfera empestada da senzala que, segundo a confissão dos que melhor a conhecem, é uma verdadeira Gruta do Cão para todas as qualidades nobres?

É assim que tudo quanto foi dito contra a lei do ponto de vista da civilização torna obrigatório para os que a combateram o modificá-la e desenvolvê-la. Nesse sentido o Sr. Cristiano Ottoni deu um belo exemplo. Por outro lado, as esperanças, as animações, as expectativas de que os partidários e entusiastas da reforma encheram a alma e a imaginação dos escravos, constituem outras tantas promessas de que estes têm o direito de exigir o cumprimento. A lei não foi o repúdio vergonhoso do compromisso tomado com o mundo em 1866 pelo ministro de Estrangeiros do Brasil. Pelo contrário foi o seu reconhecimento, a sua ratificação solene.

Que se tem feito até hoje para saldar essa dívida de honra? No correr destas páginas ver-se-ão quais foram e quais prometem ser os efeitos da lei comparativamente aos da morte: a bondade e a afeição dos senhores pelos escravos, assim como a iniciativa particular tem feito muito mais do que o Estado, mas dez vezes menos do que a morte. "A morte liberta trezentos mil", disse no Senado a autoridade insuspeita, que tenho tanto citado, o Sr. Cristiano Ottoni, "os particulares 35 mil, o Estado *que se obrigou à emancipação* cinco mil no mesmo período". O mercado de escravos continua, as famílias são divididas, as portas delineadas na lei não foram ainda rasgadas, a escravidão é a mesma sempre, os seus crimes e as suas atrocidades repetem-se frequentemente, e os escravos veem-se nas mesmas condições individuais, com o mesmo horizonte e o mesmo futuro de sempre, desde que os primeiros africanos foram internados no sertão do Brasil. A não se ir além da lei, esta ficaria sendo uma mentira nacional, um artifício fraudulento para enganar o mundo, os brasileiros, e, o que é mais triste ainda, os próprios escravos. A causa destes, porém, assenta sobre outra base, que todavia não deverá ser considerada mais forte do que esses compromissos nacionais: a ilegalidade da escravidão. Para se verificar até que ponto a escravidão entre nós é ilegal é preciso conhecer-lhe as origens, a história, e a pirataria da qual ela deriva os seus direitos por uma série de endossos tão válidos como a transação primitiva.

IX

O TRÁFICO DE AFRICANOS

"Andrada! arranca esse pendão dos ares! Colombo! fecha a porta dos teus mares!"

Castro Alves

A escravidão entre nós não teve outra fonte neste século senão o comércio de africanos. Têm-se denunciado diversos crimes no Norte contra as raças indígenas, mas semelhantes fatos são raros. Entre os escravos há, por certo, descendentes de caboclos remotamente escravizados, mas tais exceções não tiram à escravidão brasileira o caráter de puramente africana. Os escravos são os próprios africanos importados, ou os seus descendentes.

O que foi, e infelizmente ainda é, o tráfico de escravos no continente africano, os exploradores nos contam em páginas que horrorizam; o que era nos navios negreiros, nós o sabemos pela tradição oral das vítimas; o que por fim se tornava depois do desembarque em nossas praias, desde que se acendiam as fogueiras anunciativas, quando se internava a caravana e os negros *boçais* tomavam os seus lugares ao lado dos *latinos* nos quadros das fazendas, vê-lo-emos mais tarde. Basta-me dizer que a história não oferece no seu longo decurso um crime geral que, pela perversidade, horror, e infinidade dos crimes particulares que o compõem, pela sua duração, pelos seus motivos sórdidos, pela desumanidade do seu sistema complexo de medidas, pelos proventos dele tirados, pelo número das suas vítimas, e por todas as suas consequências, possa de longe ser comparado à colonização africana da América.

Ao procurar descrever o tráfico de escravos na África Oriental, foi-me necessário manter-me bem dentro da verdade para não se me arguir de exagerado; mas o assunto não consentia que eu o fosse. Pintar com cores por demais carregadas os seus efeitos é simplesmente impossível. O espetáculo que presenciei, apesar de serem incidentes comuns do tráfico, são tão repulsivos que sempre procuro afastá-los da memória. No caso das mais desagradáveis recordações, eu consigo por fim adormecê-las no esquecimento; mas as cenas do tráfico voltam-me ao pensamento sem serem chamadas, e fazem-me estremecer no silêncio da noite, horrorizado com a fidelidade com que se reproduzem.

Estas palavras são do Dr. Livingstone e dispensam quaisquer outras sobre a perseguição de que a África é vítima há séculos, pela cor dos seus habitantes.

Castro Alves na sua *Tragédia no mar* não pintou senão a realidade do suplício dantesco, ou antes romano, a que o tombadilho dos navios negreiros[20] servia de arena, e o porão de subterrâneo. Quem ouviu descrever os horrores do tráfico tem sempre diante dos olhos um quadro que lembra a pintura de Géricault, *O naufrágio da Medusa*. A balada de Southey, do marinheiro que tomara parte nessa navegação maldita, e a quem o remorso não deixará mais repouso e a consciência perseguia de dentro implacável e vingadora, expressa a agonia mental de quantos, tendo um vislumbre de consciência, se empregaram nesse contrabando de sangue.

Uma vez desembarcados, os esqueletos vivos eram conduzidos para o eito das fazendas, para o meio dos cafezais. O tráfico tinha completado a sua obra, começava a da escravidão. Não entro neste volume na história do tráfico e, portanto, só incidentemente me refiro às humilhações que impôs ao Brasil a avidez insaciável e sanguinária daquele comércio. De 1831 até 1850 o governo brasileiro achou-se, com efeito, empenhado com o inglês numa luta diplomática do mais triste caráter para nós, por não podermos executar os nossos tratados e as nossas leis. Em vez de patrioticamente entender-se com a Inglaterra, como nesse tempo haviam feito quase todas as potências da Europa e da América para a completa destruição da pirataria que infestava os seus portos e costas; em vez de aceitar, agradecido, o concurso do estrangeiro para resgatar a sua própria bandeira do poder dos piratas, o governo deixou-se aterrar e reduzir à impotência por estes. A Inglaterra esperou até 1845 que o Brasil entrasse em acordo com ela; foi somente em 1845, quando em falta de tratado conosco ela ia perder o fruto de vinte e oito anos de sacrifícios, que Lorde Aberdeen apresentou o seu *bill*. O *bill Aberdeen*, pode-se dizer, foi uma afronta ao encontro da qual a escravidão forçou o governo brasileiro a ir. A luta estava travada entre a Inglaterra e o tráfico, e não podia, nem devia acabar, por honra da humanidade recuando ela. Foi isso que os nossos estadistas não pensaram. A cerração que os cercava não lhes permitia ver que em 1845 o sol do nosso século já estava alto demais para alumiar ainda tal pirataria neste hemisfério.

Só por um motivo essa Lei Aberdeen não foi um título de honra para a Inglaterra. Como se disse, por diversas vezes, no Parlamento inglês, a Inglaterra fez com uma nação fraca o que não faria contra uma nação forte. Numa das últimas carregações de escravos para o Brasil, a dos africanos chamados do Bracuí, internados em 1852 no Bananal de São Paulo, foi levada à sombra da bandeira dos Estados Unidos. Quando os cruzadores ingleses encontravam um navio negreiro que içava o pavilhão das estrelas, deixavam-no passar. A atitude do Parlamento inglês votando a lei que deu jurisdição aos seus tribunais sobre navios e súditos brasileiros, empregados no tráfico, apreendidos ainda mesmo em águas territoriais do Brasil, teria sido altamente gloriosa para ele se essa lei fizesse parte de um sistema de medidas iguais contra *todas* as bandeiras usurpadas pelos agentes daquela pirataria.

Mas, qualquer que fosse a fraqueza da Inglaterra em não proceder contra os fortes como procedia contra os fracos, o brasileiro, que lê a nossa história diplomática durante o período militante do tráfico, o que sente é ver o poderio que a soma de interesses englobada nesse nome exercia sobre o país.

Esse poderio era tal que Eusébio de Queirós, ainda em 1849, num *memorandum* que redigiu, para ser presente ao ministério sobre a questão, começava assim:

> Para reprimir o tráfico de africanos no país sem excitar uma revolução faz-se necessário: 1º atacar com vigor as novas introduções, esquecendo e anistiando as anteriores à lei; 2º dirigir a repressão contra o tráfico no mar, ou no momento do desembarque, enquanto os africanos estão em mãos dos introdutores.

O mesmo estadista, no seu célebre discurso de 1852, procurando mostrar como o tráfico somente acabou pelo interesse dos agricultores, cujas propriedades estavam passando para as mãos dos especuladores e dos traficantes, por causa das dívidas contraídas pelo fornecimento de escravos, confessou a pressão exercida, de 1831 a 1850, pela agricultura consorciada com aquele comércio, sobre todos os governos e todos os partidos:

> Sejamos francos [disse ele]: o tráfico, no Brasil, prendia-se a interesses, ou, para melhor dizer, a presumidos interesses dos nossos agricultores; e, num país em que a agricultura tem tamanha força, era natural que a opinião pública se manifestasse em favor do tráfico; a opinião pública que tamanha influência tem, não só nos governos representativos, como até nas próprias monarquias

absolutas. O que há, pois, para admirar em que os nossos homens políticos se curvassem a essa lei da necessidade? O que há para admirar em que nós todos, amigos ou inimigos do tráfico, nos curvássemos a essa necessidade? Senhores, se isso fosse crime, seria um crime geral no Brasil; mas eu sustento que, quando em uma nação todos os partidos políticos ocupam o poder, quando todos os seus homens políticos têm sido chamados a exercê-lo, e todos eles são concordes em uma conduta, é preciso que essa conduta seja apoiada em razões muito fortes; impossível que ela seja um crime e haveria temeridade em chamá-la um erro.

Trocada a palavra *tráfico* pela palavra *escravidão* esse trecho de eloquência, calorosamente aplaudido pela câmara, poderá servir de apologia no futuro aos estadistas de hoje que quiserem justificar a nossa época. A verdade, porém, é que houve sempre diferença entre os inimigos declarados do tráfico e os seus protetores. Feita essa reserva, a favor de um ou outro homem público que *nenhuma cumplicidade* teve nele, e outra quanto à moralidade da doutrina, de que se não pode chamar *crime* nem *erro* à violação da lei moral, quando é uma nação inteira que a comete, as palavras justificativas do grande ministro da Justiça de 1850 não exageram a degradação a que chegou a nossa política até uma época ainda recente. Algumas datas bastam para prova. Pela Convenção de 1826, o comércio de africanos devia, no fim de três anos, ser equiparado à pirataria, e a lei que os equiparou tem a data de 4 de setembro de 1850. A liberdade imediata dos africanos legalmente capturados foi garantida pela mesma Convenção, quando ratificou a de 1817 entre Portugal e a Grã--Bretanha, e o decreto que *emancipou* os africanos *livres* foi de 24 de setembro de 1864. Por último, a lei de 7 de novembro de 1831 está até hoje sem execução, e os mesmos que ela declarou livres acham-se ainda em cativeiro. Nessa questão do tráfico bebemos as fezes todas do cálice.

É por isso que nos envergonha ler as increpações que nos faziam homens como Sir Robert Peel, Lorde Palmerston e Lorde Brougham, e ver os ministros ingleses reclamando a liberdade dos africanos que a nossa própria lei declarou livres sem resultado algum. A pretexto da dignidade nacional ofendida, o nosso governo, que se achava na posição coata em que o descreveu Eusébio, cobria praticamente com a sua bandeira e a sua soberania as expedições dos traficantes organizadas no Rio e na Bahia. Se o que se fez em 1850 houvesse sido feito em 1844, não teria por certo havido *bill Aberdeen*.

A questão nunca deverá ter sido colocada entre o Brasil e a Inglaterra, mas entre o Brasil, com a Inglaterra, de um lado, e o tráfico do outro. Se jamais a história deixou de registrar uma aliança digna e honesta, foi essa, a que não fizemos com aquela nação. O princípio, que o navio negreiro não tem direito à proteção do pavilhão, seria muito mais honroso para nós do que todos os argumentos tirados do Direito internacional para consumar definitivamente o cativeiro perpétuo de estrangeiros introduzidos à força em nosso país.

O poder, porém, do tráfico era irresistível e até 1851 não menos de um milhão de africanos foram lançados em nossas senzalas. A cifra de cinquenta mil por ano não é exagerada.

Mais tarde, teremos que considerar a soma que o Brasil empregou desse modo. Esse milhão de africanos não lhe custou menos de quatrocentos mil contos. Desses quatrocentos mil contos que sorveram as economias da lavoura durante vinte anos, 135 mil contos representam a despesa total dos negreiros, e 260 mil os seus lucros.[21]

Esse imenso prejuízo nacional não foi visto durante anos pelos nossos estadistas, os quais supunham que o tráfico enriquecia o país. Grande parte, seguramente, desse capital voltou para a lavoura quando as fazendas caíram em mãos dos negociantes de escravos que tinham hipotecas sobre elas por esse fornecimento, e assim se tornaram senhores *perpétuos* do seu próprio contrabando. Foi Eusébio quem o disse no seguinte trecho do seu discurso de 16 de julho de 1852, a que já me referi:

> A isto [o desequilíbrio entre as duas classes de livres e escravos produzidos "pela progressão ascendente do tráfico" que nos anos de 1846, 1847 e 1848 havia triplicado] veio juntar-se o interesse dos nossos lavradores: a princípio, acreditando que na compra do maior número de escravos consistia o aumento de seus lucros, os nossos agricultores, sem advertirem no gravíssimo perigo que ameaçava o país, só tratavam da aquisição de novos braços *comprando-os a crédito,* a pagamento de *três a quatro anos, vencendo no intervalo juros mordentes.* [Aqui segue-se a frase sobre a mortalidade dos africanos citada em outro capítulo.] Assim os escravos morriam, mas as dívidas ficavam, e com elas os terrenos hipotecados aos especuladores, que compravam os africanos aos traficantes para revender aos lavradores [*Apoiados*], *Assim a nossa propriedade territorial ia passando das mãos dos agricultores para os especuladores e traficantes* [*Apoiados*]. Essa experiência despertou os nossos lavradores e fez-lhes conhecer que achavam sua ruína onde procuravam a riqueza, e ficou o tráfico desde esse momento definitivamente condenado.

Grande parte do mesmo capital realizado foi empregada na edificação do Rio de Janeiro e da Bahia, mas o restante foi exportado para Portugal, que tirou assim do tráfico, como tem tirado da escravidão no Brasil não menores lucros do que a Espanha tirou dessas mesmas fontes em Cuba.

Ninguém, entretanto, se lembra de lamentar o dinheiro desperdiçado nesse ignóbil comércio, porque os seus prejuízos morais deixaram na sombra todos os lucros cessantes e toda a perda material do país. O brasileiro que lê hoje os papéis do tráfico, para sempre preservados como o arquivo de uma das empresas mais sombrias a que jamais se lançou a especulação sem consciência que deslustra as conquistas civilizadoras do comércio, não atende senão à monstruosidade do crime e aos algarismos que dão a medida dele. O lado econômico é secundário, e o fato de haver sido este o principal, segundo a própria demonstração de Eusébio, tanto para triplicar de 1846 a 1848 o comércio, como para extingui-lo dois anos depois, prova somente a cegueira com que o país todo animava essa revoltante pirataria. Os poucos homens a quem esse estado de coisas profundamente revoltava, como por exemplo os Andradas, nada podiam fazer para modificá-lo. Os ousados traficantes de negros novos encastelados na sua riqueza mal adquirida eram onipotentes, e levantavam contra quem ousava erguer a voz para denunciar-lhes o comércio as acusações de *estrangeiros,* de aliados da Inglaterra, de cúmplices das humilhações infligidas ao país.

O verdadeiro patriotismo, isto é, o que concilia a pátria com a humanidade, não pretende mais que o Brasil tivesse o direito de ir com a sua bandeira, à sombra do Direito das gentes, criado para a proteção e não para a destruição da nossa espécie, roubar homens na África e transportá-los para o seu território.

Sir James Hudson qualificou uma vez o argumento "da dignidade nacional", que o nosso governo sempre apresentava, nos seguintes termos: "Uma dignidade que se procura manter à custa da honra nacional, da deterioração dos interesses do país, da degradação gradual, mas certa do seu povo". Estas palavras não eram merecidas em 1850 quando foram escritas; mas aplicam-se, com a maior justiça, ao longo período de 1831 até aquele ano.

Esse é o sentimento da atual geração. Todos nós fazemos votos para que, se alguma outra vez em nossa história, aterrando o governo, prostituindo a justiça, corrompendo as autoridades e amordaçando o parlamento, algum outro poder, irresistível como foi o tráfico, se senhorear da nossa bandeira e subjugar as nossas leis, para infligir um longo e atroz martírio nas mesmas condições a um povo de outro continente ou de outro país, essa pirataria não dure senão o tempo de ser esmagada, com todos os seus cúmplices, por qualquer nação que o possa fazer.

A soberania nacional, para ser respeitada, deve conter-se nos seus limites; não é ato de soberania nacional o roubo de estrangeiros para o cativeiro. Cada tiro dos cruzadores ingleses que impedia tais homens de serem internados nas fazendas e os livrava da escravidão perpétua era um serviço à *honra nacional*. Esse pano verde-amarelo, que os navios negreiros içavam à popa, era apenas uma profanação da nossa bandeira. Essa, eles não tinham o direito de a levantar nos antros flutuantes que prolongavam os barracões da costa de Angola e Moçambique até à costa da Bahia e do Rio de Janeiro. A lei proibia semelhante insulto ao nosso pavilhão, e quem o fazia não tinha direito algum de usar dele.

Estas ideias podem hoje ser expressas com a nobre altivez de um patriotismo que não confunde os limites da pátria com o círculo das depredações traçado no mapa do globo por qualquer bando de aventureiros; a questão é se a geração atual, que odeia sinceramente o tráfico e se acha tão longe dele como da Inquisição e do Absolutismo, não deve pôr-lhe efetivamente termo, anulando aquela parte das suas transações que não tem o menor vislumbre de legalidade. Se o deve, é preciso acabar com a escravidão que não é senão o tráfico, tornado permanente e legitimado, do período em que a nossa lei interna já o havia declarado criminoso e no qual todavia ele foi levado por diante em escala e proporções nunca vistas.

X

ILEGALIDADE DA ESCRAVIDÃO

"As nações como os homens devem muito prezar a sua reputação."

Eusébio de Queirós

Vimos o que foi o tráfico. Pois bem, essa trilogia infernal, cuja primeira cena era a África, a segunda o mar, a terceira o Brasil, é toda a nossa escravidão. Que semelhante base é perante a moral monstruosa; que a nossa lei não podia reduzir africanos, isto é, estrangeiros, a escravos; que os filhos desses africanos continuam a sofrer a mesma violência que seus pais, e por isso o título por que são possuídos, o fato do nascimento, não vale mais perante qualquer direito, que não seja a legalização brutal da pirataria, do que o título de propriedade sobre aqueles: são princípios que estão para a consciência humana fora de questão. Mas, mesmo perante a legalidade estrita, ou perante a legalidade abstraindo da competência e da moralidade da lei, a maior parte dos escravos entre nós são homens livres criminosamente escravizados.

Com efeito, a grande maioria desses homens, sobretudo no Sul, ou são africanos, importados depois de 1831, ou descendentes destes. Ora, em 1831 a lei de 7 de novembro declarou no seu artigo 1º: "Todos os escravos que entrarem no território ou portos do Brasil vindos de fora ficam livres". Como se sabe, essa lei nunca foi posta em execução, porque o governo brasileiro não podia lutar com os traficantes; mas nem por isso deixa ela de ser a carta de liberdade de todos os importados depois da sua data.

Que antes de 1831, pela facilidade de aquisição de africanos, a mortalidade dos nossos escravos, ou *da Costa* ou *crioulos,* era enorme, é um fato notório.

É sabido, dizia Eusébio de Queirós em 1852 na Câmara dos Deputados, que a maior parte desses infelizes [os escravos importados] são ceifados logo nos primeiros anos, pelo estado desgraçado a que os reduzem os maus-tratos da viagem, pela mudança de clima, de alimentos e todos os hábitos que constituem a vida.[22]

Desses africanos, porém – quase todos eram capturados na mocidade – introduzidos antes de 1831, bem poucos restarão hoje, isto é, depois de cinquenta anos de escravidão na América a juntar aos anos com que vieram da África; e, mesmo sem a terrível mortalidade, de que deu testemunho Eusébio, entre os recém-chegados, pode-se afirmar que quase todos os africanos vivos foram introduzidos criminosamente no país.

Vejamos, porém, um depoimento altamente insuspeito relativamente à mortalidade das "crias" até à época mais ou menos em que o tráfico transatlântico foi efetivamente suprimido.

É fato incontestado [depõe o Sr. Cristiano Ottoni] que, enquanto era baixo o preço dos escravos, raras crias vingavam nas fazendas. Viajava-se pelos municípios de Piraí, Vassouras, Valença, Paraíba do Sul, observando os eitos do serviço [...] quase tudo africanos. Notava-se uma exceção, e não havia muitas outras, de uma grande fazenda cujo proprietário órfão se educava em um país estrangeiro: essa povoava-se notavelmente de crioulos: por quê? Por contrato uma parte dos que vingavam pertencia ao administrador: sempre o interesse. Em todas as palestras entre fazendeiros se ouvia este cálculo: "Compra-se um negro por 300$000: colhe no ano cem arrobas de café que produzem líquido pelo menos o seu custo; daí por diante tudo é lucro. Não vale a pena aturar as crias que só depois de dezesseis anos darão igual serviço. E em consequência as negras pejadas e as que amamentavam não eram dispensadas da enxada: duras fadigas impediram em umas o regular desenvolvimento do feto, em outras minguavam a secreção do leite, em quase todas geravam o desmazelo pelo tratamento dos filhos e daí as doenças e morte às pobres crianças. Quantos cresciam? Não há estatísticas que o digam, mas, se dos expostos da corte só vingavam 9 a 10%, como então provou no Senado o Sr. Visconde de Abaeté, dos nascidos na escravidão não escapavam certamente mais de 5%."[23]

Devemos falar com a maior franqueza – disse na Câmara um deputado, ex-ministro de estrangeiros, insuspeito à lavoura – porque a questão é grave. Cumpre que se diga: a maior parte dos proprietários, no interesse de evitar dúvidas que de futuro se pudessem dar a respeito, trataram de dar os escravos à matrícula como tendo sido importados antes da lei de 1831.

Esse mesmo orador encarregou-se de demonstrar em seguida a ilegalidade da escravidão:

Demais a proceder a opinião dos nobres deputados, pois que o feto, segundo o direito romano transplantado para o nosso, segue a condição do ventre, serão livres não só os escravos importados depois daquela data, como toda a sua descendência. Coloquemos a questão no seu verdadeiro terreno. Se, como demonstrei, somente no período de dez anos, de 1842 a 1852, como consta dos documentos oficiais, foram importados 326.317 africanos, e não sabendo nós quantos teriam sido importados no período anterior de onze anos depois da lei de 1831, pergunto: quantos dos atuais escravos poderiam rigorosamente ser considerados como tais, a prevalecer a opinião que combato?[24]

Menos da metade, seguramente, *a prevalecer* a lei de 7 de novembro. Mas a história dessa lei é uma página triste do nosso passado e do nosso presente. Os africanos, que o pirata negreiro, navegando sob a bandeira brasileira – a maior parte dos traficantes, e os mais célebres dentre eles, os que têm a seu crédito nos *livros azuis* ingleses maior número de vítimas, eram estrangeiros e, para vergonha de Portugal e nossa também, portugueses –, ia buscar aos depósitos da África e desembarcava nos da costa do Brasil, não acharam quem os pusesse em liberdade, como a lei o exigia. As únicas reclamações a favor deles eram feitas pelos ministros ingleses, e ouvidas no Parlamento da Inglaterra. Leia-se o seguinte trecho de um discurso de Lorde Brougham em 1842: não seria mais honroso para nós se, em vez de ser proferido na Câmara dos Lordes da Inglaterra pelo grande orador – Lorde Brougham pediu mais tarde a revogação do chamado *bill Aberdeen,* ou *Brazilian Act* – aquele discurso houvesse ecoado em nossas câmaras?

Em primeiro lugar, disse ele, temos a declaração expressa de um homem de bem no Senado do Brasil, de que a lei que aboliu o tráfico de escravos é notoriamente letra morta, tendo caído em desuso. Em segundo lugar temos uma petição ou memorial da Assembleia Provincial da Bahia ao Senado urgindo pela revogação da lei; não que ela os incomode muito, mas porque a cláusula de que os escravos importados depois de 1831 são livres embaraça a transação da venda e torna inconveniente possuir negros há pouco introduzidos no país. Eu encontro outra Assembleia Provincial, a de Minas Gerais, pedindo a mesma coisa com iguais fundamentos. Depois de insistir nos perigos para o país da falta de negros, o memorial acrescenta: "Acima de tudo, o pior de todos esses males, é a imoralidade que resulta de habituarem-se os nossos cidadãos a violar as leis debaixo das vistas das próprias autoridades!". Eu realmente acredito que a história toda da desfaçatez humana não apresente uma passagem que possa rivalizar com essa – nenhum outro exemplo de ousadia igual. Temos neste caso uma Legislatura Provincial que se apresenta por parte dos piratas e dos seus cúmplices, os agricultores, que aproveitam com a pirataria comprando-lhes os frutos, e em nome desses grandes criminosos insta pela revogação da lei que o povo confessa estar violando todos os dias, e da qual eles declaram que não hão de fazer caso enquanto continuar sem ser revogada; pedindo a revogação dessa lei com o fundamento de que, enquanto ela existir, resolvidos como estão a violá-la, eles se veem na dura necessidade de cometer essa imoralidade adicional debaixo das vistas dos juízes que prestaram o juramento de executar as leis (1842).

Fato curioso, a lei de 7 de novembro de 1831 que não pôde ser executada, senão muito excepcionalmente, não pôde também ser abolida.

No nosso direito não se revogam cartas de liberdade, e qualquer governo, que ousasse propor às câmaras a legalização do cativeiro dos africanos importados depois de 1831, teria a prova de que a nação não está inclinada a fazer o que não consente que outros façam. O escândalo continua, mas pela indiferença dos poderes públicos e impotência da magistratura, composta, também, em parte de proprietários de africanos; e não porque se pretenda seriamente que a lei de 1831 fosse jamais revogada.

Grande número dos nossos homens públicos, compreendendo que essa era a chaga maior da nossa escravidão, pretenderam validar de alguma forma a posse de africanos, ilegalmente escravizados, receando a bancarrota da lavoura pela verificação dos seus títulos de propriedade legítima. Não devemos condenar os nossos estadistas pelas opiniões que emitiram em relação à escravidão, quando os vemos dominados pelo receio de uma catástrofe social; mas nós, hoje, sabemos que tais receios não têm mais razão de ser, e que a moralização do país só pode dar em resultado o seu desenvolvimento progressivo e o seu maior bem-estar.

Até ontem, por outro lado, temia-se que a execução pela magistratura da lei de 7 de novembro desse lugar a ações intentadas por africanos importados antes de 1831, pretendendo havê-lo sido depois; mas neste momento os africanos legalmente importados têm todos cinquenta e dois anos no mínimo, e salvo uma ou outra exceção, havendo sido importados com mais de quinze anos, são quase septuagenários. Se algum desses infelizes, enganando a justiça, conseguisse servir-se da lei de 7 de novembro para sair de um cativeiro que se estendeu além da média da vida humana, a sociedade brasileira não teria muito que lamentar nesse abuso isolado e quase impossível de uma lei um milhão de vezes violada.

Não há dúvida que a geração de 1850 entendia, como o disse Eusébio, que "deixar subsistir essa legislação [a lei de 7 de novembro] para o passado era anistiá-lo", e que "os escravos depois de internados e confundidos com os outros" não poderiam mais apelar para os benefícios que ela concedia; não há dúvida, também, que esse pensamento político predominante em 1850, de legitimar a propriedade sobre os africanos introduzidos depois de 1831, aquela geração não teve a coragem de exará-lo na lei, e confiou-o inteiramente à passividade cúmplice da magistratura e ao consenso do país. Aconteceu assim o que era natural. À geração educada na tolerância do tráfico sucedeu outra que o considera o maior de todos os crimes, e que, se não desenterra do Livro Negro da Secretaria da Justiça os nomes e os atos dos traficantes, para não causar pena desnecessária a pessoas que nada têm com isso, não julga menos dignos da maior de todas as censuras da consciência humana os atos pelos quais, por dinheiro, e só por dinheiro, bandidos do comércio ensoparam durante meio século as mãos no sangue de milhões de desgraçados que nenhum mal lhes haviam feito. Por sua vez, a atual geração, desejosa de romper definitivamente a estreita solidariedade que ainda existe entre o país e o tráfico de africanos, pede hoje a execução de uma lei que *não podia* ser revogada, e não foi, e que todos os africanos ainda em cativeiro, sendo *bona piratarum,* têm direito de considerar como a sua carta de liberdade rubricada pela regência em nome do imperador.

Admitindo-se a mortalidade em larga escala dos escravos, não há só probabilidade, há certeza, de que as atuais gerações são *na sua grande maioria* constituídas por africanos do último período, quando acabou legalmente o tráfico e os braços adquiriram maior valor, e por descendentes desses. Por isso Sales Torres Homem disse no Senado aos que sustentavam a legalidade da *propriedade escrava,* num trecho de elevada eloquência:

> Ao ouvir-se os peticionários falarem tão alto em direito de propriedade fica-se surpreendido de que se olvidassem tão depressa de que a máxima parte dos escravos que lavram suas terras são os descendentes desses que um tráfico desumano introduziu criminosamente neste país com afronta das leis e dos tratados! Esqueceram-se de que no período de 1830 a 1850 mais de um milhão de africanos foram assim entregues à lavoura, e que para obter essa quantidade de gado humano era necessário duplicar e triplicar o número de vítimas, alastrando-se de seu sangue e de seus

cadáveres a superfície dos mares que nos separam da terra do seu nascimento.

Identificada assim a escravidão, como sendo na sua máxima parte a continuação do tráfico ilegal que de 1831 a 1852 introduziu no Brasil, aproximadamente, um milhão de africanos; provada a sua ilegalidade manifesta em escala tão grande que "a simples revisão dos títulos da propriedade escrava bastaria para extingui-la"[25] (isto é, reduzindo o número dos escravos a proporções que os recursos do Estado poderiam liquidar), é a nossa vez de perguntar se não chegou ainda o momento de livrar as vítimas do tráfico, do cativeiro em que vivem até hoje. Pensem os brasileiros que esses africanos estão há cinquenta anos trabalhando sem salário, em virtude do ato de venda efetuado na África por menos de noventa mil réis. Pensem eles que até hoje esses infelizes estão esperando do arrependimento honesto do Brasil a reparação do crime praticado contra eles, sucessivamente pelos apresadores de escravos nos seus países, pelo exportador da costa, pelos piratas do Atlântico, pelos importadores e armadores, na maior parte estrangeiros, do Rio de Janeiro e da Bahia, pelos traficantes do nosso litoral a soldo daqueles, pelos comissários de escravos, e por fim pelos compradores, cujo dinheiro alimentava e enriquecia aquelas classes todas.

"As nações como os homens devem muito prezar a sua reputação"; mas, a respeito do tráfico, a verdade é que não salvamos um fio sequer da nossa. O crime nacional não podia ter sido mais escandaloso, e a reparação não começou ainda. No processo do Brasil um milhão de testemunhas hão de levantar-se contra nós, dos sertões da África, do fundo do oceano, dos barracões da praia, dos cemitérios das fazendas, e esse depoimento mudo há de ser mil vezes mais valioso para a história do que todos os protestos de generosidade e nobreza de alma da nação inteira.

XI

FUNDAMENTOS GERAIS DO ABOLICIONISMO

"Pouco tempo falta para que a humanidade inteira estabeleça, proteja e garanta por meio do direito internacional o princípio seguinte: Não há propriedade do homem sobre o homem. A escravidão está em contradição com os direitos que confere a natureza humana, e com os princípios reconhecidos por toda a humanidade."

Bluntschli

Não me era necessário provar a ilegalidade de um regime que é contrário aos princípios fundamentais do direito moderno e que viola a noção mesma do que é o *homem* perante a lei internacional. Nenhum Estado deve ter a liberdade de pôr-se assim fora da comunhão civilizada do mundo, e não tarda, com efeito, o dia em que a escravidão seja considerada legalmente, como já o é moralmente, um atentado contra a humanidade toda. As leis de cada país são remissivas a certos princípios fundamentais, base das sociedades civilizadas, e cuja violação em uma importa uma ofensa a todas as outras. Esses princípios formam uma espécie de direito natural, resultado das conquistas do homem na sua longa evolução; eles são a soma dos direitos com que nasce em cada comunhão o indivíduo, por mais humilde que seja. O direito de viver, por exemplo, é protegido por todos os códigos, ainda mesmo antes do nascimento. Na distância que separa o mundo moderno do antigo seria tão fácil na Inglaterra, ou em França, legalizar-se o infanticídio como reviver a escravidão. De fato, a escravidão pertence ao número das instituições fósseis, e só existe em nosso período social numa porção retardatária do globo, que escapa por infelicidade sua à coesão geral. Como a antropofagia, o cativeiro da mulher, a autoridade irresponsável do pai, a pirataria, as perseguições religiosas, as proscrições políticas, a mutilação dos prisioneiros, a poligamia e tantas outras instituições ou costumes, a escravidão é um fato que não pertence naturalmente ao estádio a que já chegou o homem.

A teoria da liberdade pessoal, aceita por todas as nações, é a que Bluntschli, o eminente publicista suíço, discípulo de Savigny, define nestes quatro parágrafos do seu *Direito Internacional Codificado:* – 1º "Não há propriedade do homem sobre o homem. Todo homem é uma pessoa, isto é, um ente capaz de adquirir e possuir direitos".[26] – 2º "O direito internacional não reconhece a nenhum Estado e a nenhum particular o direito de ter escravos". – 3º "Os escravos estrangeiros tornam-se livres de pleno direito desde que pisam o solo de um Estado livre, e o Estado que os recebe é obrigado a fazer respeitar-lhes a liberdade". – 4º "O comércio de escravos e os mercados de escravos não são tolerados em parte alguma. Os estados civilizados têm o direito e o dever de apressar a destruição desses abusos onde quer que os encontrem".[27]

Esses princípios cardeais da civilização moderna reduzem a escravidão a um fato brutal que não pode socorrer-se à lei particular do Estado, porque a lei não tem autoridade alguma para sancioná-la. A lei de um país só poderia, em tese, sancionar a escravidão dos seus nacionais, não a de estrangeiros. A lei brasileira não tem moralmente poder para autorizar a escravidão de africanos, que não são súditos do Império. Se o pode fazer com africanos, pode fazê-lo com ingleses, franceses, alemães. Se não o faz com estes, mas somente com aqueles, é porque eles não gozam da proteção de nenhum Estado. Mas, quanto à competência que tem o Brasil, para suprimir a liberdade pessoal de pessoas existentes dentro do seu território, essa nunca poderia ir além dos seus próprios nacionais.

Se os escravos fossem *cidadãos brasileiros*, a lei particular do Brasil poderia talvez, e em tese, aplicar-se a eles; de fato não poderia, porque, pela Constituição, os cidadãos brasileiros não podem ser reduzidos à condição de escravos. Mas os escravos *não são* cidadãos brasileiros, desde que a Constituição só proclama tais os ingênuos e os libertos. Não sendo cidadãos brasileiros eles ou são estrangeiros ou não têm pátria, e a lei do Brasil não pode autorizar a escravidão de uns nem de outros, que não estão sujeitos a ela pelo Direito internacional no que respeita à liberdade pessoal. A ilegalidade da escravidão é assim insanável, quer se a considere no texto e nas disposições da lei, quer nas forças e na competência da mesma lei.

Mas os fundamentos do abolicionismo não se reduzem às promessas falsificadas na execução, aos compromissos nacionais repudiados, nem ao sentimento da honra do país compreendida como a necessidade moral de cumprir os seus tratados e as suas leis com relação à liberdade e de conformar-se com a civilização no que ela tem de mais absoluto. Além de tudo isso, e da ilegalidade insanável da escravidão perante o direito social moderno e a lei positiva brasileira, o abolicionismo funda-se numa série de motivos políticos, econômicos, sociais e nacionais, da mais vasta esfera e do maior alcance. Nós não queremos acabar com a escravidão somente porque ela é ilegítima em face do progresso das ideias morais de cooperação e solidariedade; porque é ilegal em face da nossa legislação do período do tráfico; porque é uma violação da fé pública, expressa em tratados como a Convenção de 1826, em leis como a de 7 de novembro, em empenhos solenes como a carta Martim Francisco, a iniciativa do Conde d'Eu no Paraguai, e as promessas dos estadistas responsáveis pela marcha dos negócios públicos.

Queremos acabar com a escravidão por esses motivos seguramente, e mais pelos seguintes:

1. Porque a escravidão, assim como arruína economicamente o país, impossibilita o seu progresso material, corrompe-lhe o caráter, desmoraliza-lhe os elementos constitutivos, tira-lhe a energia e a resolução, rebaixa a política; habitua-o ao servilismo, impede a imigração, desonra o trabalho manual, retarda a aparição das indústrias, promove a bancarrota, desvia os capitais do seu curso natural, afasta as máquinas, excita o ódio entre classes, produz uma aparência ilusória de ordem, bem-estar e riqueza, a qual encobre os abismos de anarquia moral, de miséria e destruição, que do Norte ao Sul margeiam todo o nosso futuro.

2. Porque a escravidão é um peso enorme que atrasa o Brasil no seu crescimento em comparação com os outros Estados sul-americanos que a não conhecem; porque, a continuar, esse regime há de forçosamente dar em resultado o desmembramento e a ruína do país; porque a conta dos seus prejuízos e lucros cessantes reduz a nada o seu apregoado ativo, e importa em uma perda nacional enorme e contínua; porque somente quando a escravidão houver sido de todo abolida, começará a vida normal do povo, existirá mercado para o trabalho, os indivíduos tomarão o seu verdadeiro nível, as riquezas se tornarão legítimas, a honradez cessará de ser convencional, os elementos de ordem se fundarão sobre a liberdade, e a liberdade deixará de ser privilégio de classe.

3. Porque só com a emancipação total podem concorrer para a grande obra de uma pátria comum, forte e respeitada, os membros todos da comunhão que atualmente se acham em conflito, ou uns com os outros, ou consigo mesmos: os escravos, os quais estão fora do grêmio social; os senhores, os quais se veem atacados como representantes de um regime condenado; os inimigos da escravidão, pela sua incompatibilidade com esta; a massa inativa da população, a qual é vítima desse monopólio da terra e dessa maldição do trabalho; os brasileiros em geral que ela condena a formarem, como formam, uma nação de proletários.

Cada um desses motivos, urgente por si só, bastaria para fazer refletir sobre a conveniência de suprimir, depois de tanto tempo, um sistema social tão contrário aos interesses de toda a ordem de um povo moderno, como é a escravidão. Convergentes, porém, e entrelaçados, eles impõem tal supressão como uma reforma vital que não pode ser adiada sem perigo. Antes de estudar-lhe as influências fatais exercidas sobre cada uma das partes do organismo, vejamos o que é ainda hoje, no momento em que escrevo, sem perspectiva de melhora imediata, a escravidão no Brasil.

XII

A ESCRAVIDÃO ATUAL

"Bárbara na origem; bárbara na lei; bárbara em todas as suas pretensões; bárbara nos instrumentos de que se serve; bárbara em suas consequências; bárbara de espírito; bárbara onde quer que se mostre; ao passo que cria bárbaros e desenvolve em toda a parte, tanto no indivíduo como na sociedade a que ele pertence, os elementos essenciais dos bárbaros."

Charles Sumner

Desde que foi votada a lei de 28 de setembro de 1871 o governo brasileiro tratou de fazer acreditar ao mundo que a escravidão havia acabado no Brasil. Uma propaganda voltada para ele começou a espalhar que os escravos iam sendo gradualmente libertados em proporção considerável e que os filhos das escravas nasciam *completamente* livres. A mortalidade dos escravos é um detalhe que nunca aparece nessas estatísticas falsificadas, cuja ideia é que a mentira no exterior habilita o governo a não fazer nada no país e deixar os escravos entregues à sua própria sorte.

Todos os fatos de manumissão – honrosíssimos para o Brasil – formam um admirável alto-relevo no campo da mortalidade que nunca atrai a atenção, ao passo que os crimes contra escravos, o número de africanos ainda em cativeiro, a caçada de negros fugidos, os preços flutuantes da carne humana, a educação dos *ingênuos* na escravidão, o aspecto mesmíssimo dos ergástulos rurais: tudo o que é indecoroso, humilhante, triste para o governo, é cuidadosamente suprimido.

A esse respeito citarei um único resultado desse sistema, talvez o mais notável.

Na biografia de Augustin Cochin, pelo Conde de Falloux, há um trecho relativo ao artigo daquele ilustre abolicionista sobre a nossa lei de 28 de setembro. Depois de referir-se aos votos que Cochin fizera, anteriormente, no seu livro *L'abolition de l'esclavage*, pela abolição no Brasil, diz o seu biógrafo e amigo:

> Esse voto foi ouvido; a emancipação foi decretada em 1870 [sic], e M. Cochin pôde legitimamente reivindicar a sua parte nesse grande ato. O seu livro produzira viva sensação na América; os chefes do movimento abolicionista tinham-se posto em comunicação com o autor; ele mesmo havia dirigido respeitosas, mas urgentes instâncias ao governo brasileiro. O imperador, que as não havia esquecido, quando veio à Europa, conversou muito com M. Cochin. Este não aprovava inteiramente a nova lei; achava-a muito lenta, muito complicada; ela não satisfazia inteiramente suas vastas aspirações; mas, apesar de defeitos, marcava um progresso bastante real para merecer ser assinalado. M. Cochin consagrou-lhe um artigo inserido na *Revue des Deux Mondes,* talvez o último escrito que lhe saiu da pena. Hoje [1875] a lei de emancipação começa a dar fruto; o desenvolvimento da produção aumenta com o desenvolvimento do trabalho livre; o governo, surpreendido com os prodigiosos resultados obtidos, procura acelerá-los consagrando seis milhões por ano à libertação dos *últimos* escravos.

Estas últimas palavras, das quais grifei uma, são significativas, e realmente expressam o que o governo queria desde então que se acreditasse na Europa. Em 1875 apenas o fundo de emancipação havia sido distribuído *pela primeira vez,* e já o desenvolvimento da produção aumentava com o desenvolvimento do trabalho livre; o governo estava surpreendido com os prodigiosos resultados da lei, e consagrava seis milhões de francos por ano (2.400 contos) à libertação dos últimos escravos. Quem escrevia isso era um homem da autoridade do Conde de Falloux, cujas relações com a família de Orléans provavelmente lhe deram alguma vez ensejo de ter informações oficiais, num assunto que particularmente interessa à biografia da Princesa Imperial. Era preciso todo o sentimento abolicionista de Cochin para ver através de todas elas o destino sempre o mesmo dos escravos, e foi isso que o levou a escrever: "A nova lei era necessária; mas é incompleta e inconsequente, eis aí a verdade".

O país, porém, conhece a questão toda, e sabe que depois da lei de 28 de setembro a vida dos escravos não mudou nada, senão na pequena porção dos que têm conseguido forrar-se esmolando pela sua liberdade. É preciso, todavia, para se não dizer que em 1883, quando este livro estava sendo escrito, os abolicionistas tinham diante de si não a escravidão antiga, mas outra espécie de escravidão, modificada para o escravo por leis humanas e protetoras, e relativamente justas, que definamos a sorte e a condição do escravo hoje em dia perante a lei, a sociedade, a justiça pública, o senhor e finalmente ele próprio. Fá-lo--ei em traços talvez rápidos demais para um assunto tão vasto.

Quem chega ao Brasil e abre um dos nossos jornais encontra logo uma fotografia da escravidão atual, mais verdadeira do que qualquer pintura. Se o Brasil fosse destruído por um cataclismo, um só número, ao acaso, de qualquer dos grandes órgãos da imprensa, bastaria para conservar para sempre as feições e os caracteres da escravidão, tal qual existe em nosso tempo. Não seriam precisos outros documentos para o historiador restaurá-la em toda a sua estrutura e segui-la em todas as suas influências.

Em qualquer número de um grande jornal brasileiro – exceto, tanto quanto sei, na Bahia, onde a imprensa da capital deixou de inserir anúncios sobre escravos – encontram-se, com efeito, as seguintes classes de informações que definem completamente a condição presente dos escravos: anúncios, de compra, venda e aluguel de escravos, em que sempre figuram as palavras *mucama, moleque, bonita peça, rapaz, pardinho, rapariga de casa de família* (as mulheres livres anunciam-se como *senhoras* a fim de melhor se diferençarem das escravas); editais para praças de escravos, espécie curiosa e da qual o último espécime de Valença é um dos mais completos[28]; anúncios de negros fugidos acompanhados em muitos jornais da conhecida vinheta do negro descalço com a trouxa ao ombro, nos quais os escravos são descritos muitas vezes pelos sinais de castigos que sofreram, e se oferece uma gratificação, não raro de um conto de réis, a quem o apreender e o levar ao seu dono – o que é um estímulo à profissão de capitães do mato; notícias de manumissões, bastante numerosas; narrações de crimes cometidos por escravos contra os senhores, mas sobretudo contra os agentes dos senhores, e de crimes cometidos por estes contra aqueles, castigos bárbaros e fatais, que formam, entretanto, uma insignificantíssima parte dos abusos do poder dominical, porque estes raro chegam ao conhecimento das autoridades, ou da imprensa, não havendo testemunhas nem denunciantes nesse gênero de crime.

Encontram-se, por fim, declarações repetidas de que a escravidão entre nós é um estado muito brando e suave para o escravo, de fato melhor para este do que para o senhor, tão feliz pela descrição, que se chega a supor que os escravos, se fossem consultados, prefeririam o cativeiro à liberdade; o que tudo prova, apenas, que os jornais e os artigos não são escritos por escravos, nem por pessoas que se hajam mentalmente colocado, por um segundo, na posição deles.

Mais de um livro estrangeiro de viagens, em que há impressões do Brasil, trazem a reprodução desses anúncios, como o melhor meio de ilustrar a escravidão local. Realmente não há documento antigo, preservado em hieróglifos nos papiros egípcios ou em caracteres góticos nos pergaminhos da Idade Média, em que se revele uma ordem social mais afastada da civilização moderna do que esses tristes anúncios da escravidão, os quais nos parecem efêmeros, e formam, todavia, a principal feição da nossa história. A posição legal do escravo resume-se nestas palavras: a Constituição não se ocupou dele. Para poder conter princípios como estes:

> Nenhum cidadão pode ser obrigado a fazer ou deixar de fazer alguma coisa senão em virtude da lei [...] Todo o cidadão tem em sua casa um asilo inviolável [...] A lei será igual para todos [...] Ficam abolidos todos os privilégios [...] Desde já ficam abolidos os açoites, a tortura, a marca de ferro quente, e todas as mais penas cruéis [...] Nenhuma pena passará da pessoa do delinquente; nem a infâmia do réu se transmitirá aos parentes em qualquer grau que seja [...] É garantido o *direito de propriedade em toda a sua plenitude*.

Era preciso que a Constituição não contivesse uma só palavra que sancionasse a escravidão.

Qualquer expressão que o fizesse incluiria naquele código de liberdades a seguinte restrição:

> Além dos cidadãos a quem são garantidos esses direitos, e dos estrangeiros a quem serão tornados extensivos, há no país uma classe sem direito algum: a dos escravos. O escravo será obrigado a fazer, ou a não fazer, o que lhe for ordenado pelo seu senhor, seja em virtude da lei, seja contra a lei, que não lhe dá o direito de desobedecer. O escravo não terá um único asilo inviolável, nem nos braços da mãe, nem à sombra da cruz, nem no leito de morte; no Brasil não há cidades de refúgio. Ele será objeto de todos os privilégios, revogados para os outros; a lei não será igual

para ele porque está fora da lei, e o seu bem-estar material e moral será tão regulado por ela como o é o tratamento dos animais; para ele continuará de fato a existir a pena, abolida, de *açoites* e a *tortura,* exercida senão com os mesmos instrumentos medievais, com maior constância ainda em arrancar a confissão, e com a devassa diária de tudo o que há de mais íntimo nos segredos humanos. Nessa classe a pena da escravidão, a pior de todas as penas, transmite-se, com a infâmia que a caracteriza, de mãe a filhos, sejam esses filhos do próprio senhor.

Está assim uma nação *livre,* filha da Revolução e dos Direitos do Homem, obrigada a empregar os seus juízes, a sua polícia, se preciso for o seu exército e a sua armada, para forçar homens, mulheres e crianças a trabalhar noite e dia, sem salário.

Qualquer palavra que desmascarasse essa triste constituição social reduziria o foral das liberdades do Brasil, e o seu regime de completa igualdade na Monarquia democratizada, a uma impostura transparente; por isso a Constituição não falou em escravos, nem regulou a condição desses. Isso mesmo era uma promessa, a esses infelizes, de que o seu estado era todo transitório, a atribuir-se lógica à vergonha mostrada pelos que nos constituíram por aquele decreto.

Em 1855 o governo encarregou um dos mais eminentes dos nossos jurisconsultos, o Sr. Teixeira de Freitas, de consolidar o direito pátrio. Esse trabalho, que é a *Consolidação das Leis Civis,* e já teve três edições, apareceu sem nenhum artigo referente a escravos. Pela Constituição *não existia* a escravidão no Brasil: A primeira codificação geral do nosso direito continuou essa ficção engenhosa. A verdade é que ofende a susceptibilidade nacional o confessar que somos – e não o sermos – um país de escravos, e por isso não se tem tratado de regular a condição destes.

Cumpre advertir, dizia o autor da *Consolidação,* que não há um só lugar do nosso texto, onde se trate de escravos. Temos, é verdade, a escravidão entre nós; mas se esse mal é uma exceção que lamentamos, condenada a extinguir-se em época mais ou menos remota, façamos também uma exceção, um capítulo avulso na reforma das nossas leis civis; não as maculemos com disposições vergonhosas, que não podem servir para a posteridade; fique o *estado de liberdade* sem o seu correlativo odioso. As leis concernentes à escravidão (que não são muitas) serão pois classificadas à parte, e formarão nosso *Código Negro.*

Tudo isso seria muito *patriótico* se melhorasse de qualquer forma a posição dos escravos. Mas quando não se legisla sobre estes porque a escravidão é repugnante, ofende o patriotismo[29], é uma vista que os nervos de uma nação delicada não podem suportar sem crise, e outros motivos igualmente ridículos, desde que no país noite e dia se pratica a escravidão e todos se habituaram, até a mais completa indiferença, a tudo o que ela tem de desumano e cruel, à vivissecção moral a que ela continuamente submete as suas vítimas, esse receio de *macular as nossas leis civis com disposições vergonhosas* só serve para conservar aquelas no estado bárbaro em que se acham.

As disposições do nosso *Código Negro* são muito poucas. A escravidão não é um contrato de locação de serviços que imponha ao que se obrigou certo número de deveres definidos para com o locatário. É a posse, o domínio, o sequestro de um homem – corpo, inteligência, forças, movimentos, atividade – e só acaba com a morte. Como se há de definir juridicamente o que o senhor pode sobre o escravo, ou o que este não pode, contra o senhor? Em regra, o senhor pode *tudo.* Se quiser ter o escravo fechado perpetuamente dentro de casa, pode fazê-lo; se quiser privá-lo de formar família, pode fazê-lo; se, tendo ele mulher e filhos, quiser que eles não se vejam e não se falem, se quiser mandar que o filho açoite a mãe, apropriar-se da filha para fins imorais, pode fazê-lo. Imaginem-se todas as mais extraordinárias perseguições que um homem pode exercer contra outro, sem o matar, sem separá-lo por venda de sua mulher e filhos menores de quinze anos – e ter-se-á o que *legalmente* é a escravidão entre nós. A Casa de Correção é, ao lado desse outro estado, um paraíso. Exceto a ideia do crime – que é pior do que a sorte do escravo mais infeliz, tomando-se por exemplo um condenado inocente – não há comparação entre um regime de obrigações certas, de dependência da lei e dos seus administradores, e um regime de sujeição como sua *propriedade,* a um indivíduo, que pode ser um louco ou um bárbaro.

Quanto à capacidade civil, pela lei de 28 de setembro de 1871, é permitido ao escravo a formação de um pecúlio do que lhe provier de doações, legados e heranças, e com o que, *por consentimento do senhor,* obtiver do seu trabalho e economias. Mas a aplicação da lei depende inteiramente do senhor, o qual está de posse do escravo, e, portanto, de tudo o que ele tem, num país onde a proteção da magistratura aos escravos não é espontânea nem efetiva. Quanto à família, é proibido, sob pena de nulidade de venda, separar o marido da mulher, o filho do pai ou mãe, salvo sendo os filhos maiores de quinze anos (lei n. 1.695, de 15 de setembro de 1869, artigo 2); mas depende do senhor autorizar o casamento, e se não pode separar por venda, separa quando o quer, pelo tempo que quer, por uma simples ordem. Para resumir fixarei alguns dos principais traços do que é *legalmente* a escravidão em 1883 no Brasil:

1. Os escravos, nascidos antes do dia 28 de setembro de 1871, hoje com onze anos e meio de idade no mínimo, são até a morte *tão* escravos como os das gerações anteriores; o número desses, como adiante se verá, é de mais de um milhão.

2. Essa escravidão consiste na obrigação, de quem está sujeito a ela, de cumprir, sem ponderar, as ordens que recebe; de

fazer o que se lhe manda, sem direito de reclamar coisa alguma, nem salário, nem vestuário, nem melhor alimentação, nem descanso, nem medicamento, nem mudança de trabalho.

3. Esse homem, assim escravizado, não tem deveres, para com Deus, para com pais, mulher, ou filhos, para consigo mesmo, que o senhor seja *obrigado* a respeitar e a deixá-lo cumprir.

4. A lei não marca máximo de horas de trabalho, mínimo de salário, regime higiênico, alimentação, tratamento médico, condições de moralidade, proteção às mulheres, em uma palavra, interfere tanto na sorte da fábrica de uma fazenda quanto na dos animais do serviço.

5. Não há lei alguma que regule as obrigações e os direitos do senhor; qualquer que seja o número de escravos que possua, ele exerce uma autoridade limitada, apenas, pelo seu arbítrio.

6. O senhor pode punir os escravos com castigos moderados, diz o *Código Criminal* que equipara a autoridade dominical ao poder paterno; mas, de fato, à sua vontade, porque a justiça não lhe penetra no feudo; a queixa do escravo seria fatal a este, como já tem sido[30], e a prática tornou o senhor soberano.

7. O escravo vive na completa incerteza da sua sorte; se pensa que vai ser vendido, hipotecado, ou dado em penhor, não tem o direito de interrogar o seu dono.

8. Qualquer indivíduo que saia da Casa de Correção ou esteja dentro dela, por mais perverso que seja, brasileiro ou estrangeiro, pode possuir ou comprar uma família de escravos respeitáveis e honestos, e sujeitá-los aos seus caprichos.

9. Os senhores podem empregar escravas na prostituição, recebendo os lucros desse negócio, sem que isso lhes faça perder a propriedade que têm sobre elas; assim como o pai pode ser senhor do filho.

10. O Estado não protege os escravos de forma alguma, não lhes inspira confiança na justiça pública; mas entrega-os *sem esperança* ao poder implacável que pesa sobre eles, e que,

moralmente, os prende ou magnetiza, lhes tira o movimento, em suma os destrói.

11. Os escravos são regidos por leis de exceção. O castigo de açoites existe contra eles, apesar de ter sido abolido pela Constituição; os seus crimes são punidos por uma lei bárbara, a lei de 10 de junho de 1835, cuja pena uniforme é a morte.[31]

12. Tem-se espalhado no país a crença de que os escravos, muitas vezes, cometem crimes para se tornarem servos da pena, e escaparem assim do cativeiro[32] porque preferem o serviço das galés ao da fazenda, como os escravos romanos preferiam lutar com as feras, pela esperança de ficar livres se não morressem. Por isso, o júri no interior tem absolvido escravos criminosos, para serem logo restituídos aos seus senhores, e a Lei de *Lynch* há sido posta em vigor em mais de um caso.

13. Todos os poderes, como vemos, praticamente sem limitação alguma, do senhor, não são exercitados diretamente por ele, que se ausenta das suas terras e não vive em contato com os seus escravos; mas são delegados a indivíduos sem educação intelectual ou moral, que só sabem guiar homens por meio do chicote e da violência.

É curioso que os senhores, que exercem esse poder ilimitado sobre os seus escravos, considerem uma opressão intolerável contra si a mínima intervenção da lei a favor destes. A resistência, entretanto, que a lavoura opôs à parte da lei de 28 de setembro que criou o direito do escravo de ter pecúlio próprio e o de resgatar-se por meio deste, prova que nem essa migalha de liberdade ela queria deixar cair da sua mesa. Os lavradores do Bananal, por exemplo, representando pelos seus nomes a lavoura de São Paulo e dos limites da Província do Rio, diziam em uma petição às Câmaras:

> *Ou existe a propriedade com suas qualidades essenciais, ou então não pode decididamente existir.* A alforria forçada, com a série de medidas que lhes são relativas, é a vindita

armada sobre todos os tetos, a injúria suspensa sobre todas as famílias, o aniquilamento da lavoura, a morte do país.

Quando se tratou no Conselho de Estado de admitir o direito de pecúlio, o Marquês de Olinda serviu-se desta frase significativa: *Não estamos fazendo lei de moral.* O pior da escravidão não é todavia os seus grandes abusos e cóleras, nem suas vinditas terríveis; não é mesmo a morte do escravo: é sim a pressão diária que ela exerce sobre este; a ansiedade de cada hora a respeito de si e dos seus; a dependência em que está da boa vontade do senhor; a espionagem e a traição que o cercam por toda a parte, e o fazem viver eternamente fechado numa prisão de Dionísio, cujas paredes repetem cada palavra, cada segredo que ele confia a outrem, ainda mais, cada pensamento que a sua expressão somente denuncia.

Diz-se que entre nós a escravidão é suave, e os senhores são bons. A verdade, porém, é que toda a escravidão é a mesma, e quanto à bondade dos senhores esta não passa da resignação dos escravos. Quem se desse ao trabalho de fazer uma estatística dos crimes ou de escravos ou contra escravos; quem pudesse abrir um inquérito sobre a escravidão e ouvir as queixas dos que a sofrem; veria que ela no Brasil ainda hoje é tão dura, bárbara e cruel, como foi em qualquer outro país da América. Pela sua própria natureza a escravidão é tudo isso, e, quando deixa de o ser, não é porque os senhores se tornem melhores, mas, sim, porque os escravos se resignaram completamente à anulação de toda a sua personalidade.

Enquanto existe, a escravidão tem em si todas as barbaridades possíveis. Ela só pode ser administrada com brandura relativa quando os escravos obedecem cegamente e sujeitam-se a tudo; a menor reflexão destes, porém, desperta em toda a sua ferocidade o monstro adormecido. É que a escravidão só pode existir pelo terror absoluto infundido na alma do homem.

Suponha-se que os duzentos escravos de uma fazenda não queiram trabalhar; que pode fazer um *bom* senhor para forçá-los a ir para o serviço? Castigos estritamente moderados talvez não deem resultado: o tronco, a prisão, não preenchem o fim, que é o trabalho; reduzi-los pela fome, não é humano nem praticável; está assim o bom senhor colocado entre a alternativa de abandonar os seus escravos, e a de subjugá-los por um castigo exemplar infligido aos principais dentre eles.

O limite da crueldade do senhor está, pois, na passividade do escravo. Desde que esta cessa, aparece aquela; e como a posição do proprietário de homens no meio do seu povo sublevado seria a mais perigosa, e, por causa da família, a mais aterradora possível, cada senhor, em todos os momentos da sua vida, vive exposto à contingência de ser bárbaro, e, para evitar maiores desgraças, coagido a ser severo. A escravidão não pode ser com efeito outra coisa. Encarreguem-se os homens mais moderados de administrar a intolerância religiosa e teremos novos autos de fé tão terríveis como os da Espanha. É a escravidão que é má, e obriga o senhor a sê-lo. Não se lhe pode mudar a natureza. O bom senhor de um mau escravo seria mais do que *um acidente feliz;* o que nós conhecemos é o bom senhor do escravo que renunciou à própria individualidade, e é um cadáver moral; mas, esse é *bom* porque trata bem, materialmente falando, o escravo – não porque procure levantar nele o homem aviltado nem ressuscitar a dignidade humana morta.

A escravidão é hoje no Brasil o que era em 1862 nos Estados do Sul da União, o que foi em Cuba e nas Antilhas, o que não pode deixar de ser, como a guerra não pode deixar de ser sanguinolenta: isto é, bárbara, e bárbara como a descreveu Charles Sumner.[33]

XIII

INFLUÊNCIA DA ESCRAVIDÃO SOBRE A NACIONALIDADE

"[Com a escravidão] nunca o Brasil aperfeiçoará as raças existentes."

José Bonifácio

O Brasil, como é sabido, é um dos mais vastos países do globo, tendo uma área de mais de oito milhões de quilômetros quadrados; mas esse território em grandíssima parte nunca foi explorado, e, na sua porção conhecida, acha-se esparsamente povoado. A população nacional é calculada entre dez e doze milhões; não há, porém, base séria para se computar, a não ser que se acredite nas listas de recenseamento apuradas em 1876, listas e apuração que espantariam a qualquer principiante de estatística. Sejam, porém, dez ou doze milhões, essa população na sua maior parte descende de escravos, e por isso a escravidão atua sobre ela como herança do berço.

Quando os primeiros africanos foram importados no Brasil, não pensaram os principais habitantes – é verdade que, se o pensassem, isso não os impediria de fazê-lo, porque não tinham o patriotismo brasileiro – que preparavam para o futuro um povo composto na sua maioria de descendentes de escravos. Ainda hoje, muita gente acredita que a introdução de cem ou duzentos mil chins seria um fato sem consequências étnicas e sociais importantes, mesmo depois de cinco ou seis gerações. O principal efeito da escravidão sobre a nossa população foi, assim, africanizá-la, saturá-la de sangue preto, como o principal efeito de qualquer grande empresa de imigração da China seria mongolizá-la, saturá-la de sangue amarelo.

Chamada para a escravidão, a raça negra, só pelo fato de viver e propagar-se, foi-se tornando um elemento cada vez mais considerável da população. A célebre frase que tanto destoou no parecer do Padre Campos em 1871 – "Vaga Vênus arroja aos maiores excessos aquele ardente sangue líbico" –, traduzida em prosa, é a gênesis primitiva de grande parte do nosso povo. Foi essa a primeira vingança das vítimas. Cada ventre escravo dava ao senhor três ou quatro *crias* que ele reduzia a dinheiro; essas por sua vez multiplicavam-se, e assim os vícios do sangue africano acabavam de entrar na circulação geral do país.

Se, multiplicando-se a raça negra sem nenhum dos seus cruzamentos, se multiplicasse a raça branca por outro lado mais rapidamente, como nos Estados Unidos, o problema das raças seria outro, muito diverso – talvez mais sério, e quem sabe se solúvel somente pela expulsão da mais fraca e inferior por incompatíveis uma com a outra; mas isso não se deu no Brasil. As duas raças misturaram-se e confundiram-se; as combinações mais variadas dos elementos de cada uma tiveram lugar, e a esses juntaram-se os de uma terceira, a dos aborígines. Das três principais correntes de sangue que se confundiram nas nossas veias – o português, o africano e o indígena –, a escravidão viciou sobretudo os dois primeiros. Temos aí um primeiro efeito sobre a população: o cruzamento dos caracteres da raça negra com os da branca, tais como se apresentam na escravidão; a mistura da degradação servil de uma com a imperiosidade brutal da outra.

No princípio da nossa colonização, Portugal descarregava no nosso território os seus criminosos, as suas mulheres *erradas*[34], as suas fezes sociais todas, no meio das quais excepcionalmente vinham imigrantes de outra posição, e, por felicidade, grande número de judeus. O Brasil se apresentava então como até ontem o Congo. No século XVI ou XVII o espírito de emigração não estava bastante desenvolvido em Portugal para mover o povo, como desde o fim do século passado até hoje, a procurar na América portuguesa o bem-estar e a fortuna que não achava na península. Os poucos portugueses que se arriscavam a atravessar o Oceano a vela e a ir estabelecer-se nos terrenos incultos do Brasil, representavam a minoria de espíritos aventureiros, absolutamente destemidos, indiferentes aos piores transes na luta da vida, minoria que em Portugal, hoje mesmo, não é grande e não podia sê-lo, há dois ou três séculos. Apesar de se haver estendido pelo mundo todo o domínio português, à América do Sul, à África Ocidental, Austral e Oriental, à Índia e até à China, Portugal não tinha corpo, nem forças, para possuir mais do que nominalmente esse imenso império. Por isso, o território do Brasil foi distribuído entre donatários sem meios, nem capitais, nem recursos de ordem alguma, para colonizar as suas capitanias, isto é, de fato entregue aos jesuítas. A população europeia era insignificante para ocupar essas ilimitadas expansões de terra, cuja fecundidade a tentava. Estando a África nas mãos de Portugal, começou então o povoamento da América por negros; lançou-se, por assim dizer, uma ponte entre a África e o Brasil, pela qual passaram milhões de africanos, e estendeu-se o *habitat* da raça negra das margens do Congo e do Zambezi às do São Francisco e do Paraíba do Sul.

Ninguém pode ler a História do Brasil no século XVI, no XVII e em parte do XVIII (excetuada unicamente a de Pernambuco), sem pensar que a todos os respeitos houvera sido melhor que o Brasil fosse descoberto três séculos mais tarde. Essa imensa região, mais favorecida que outra qualquer pela natureza, se fosse encontrada livre e desocupada há cem anos, teria provavelmente feito mais progressos até hoje do que a sua história recorda. A população seria menor, porém mais homogênea; a posse do solo talvez não se houvesse estendido tão longe, mas não houvera sido uma exploração ruinosa e esterilizadora; a nação não teria ainda chegado ao grau de crescimento que atingiu, mas também não mostraria já sintomas de decadência prematura.

Pretende um dos mais eminentes espíritos de Portugal que "a escravidão dos negros foi o duro preço da colonização da América, porque, sem ela, o Brasil não se teria tornado no que vemos".³⁵ Isso é exato, "sem ela o Brasil não se teria tornado no que vemos"; mas esse preço quem o pagou, e está pagando, não foi Portugal, fomos nós; e esse preço a todos os respeitos é duro demais, e caro demais, para o desenvolvimento inorgânico, artificial, e extenuante que tivemos. A africanização do Brasil pela escravidão é uma nódoa que a mãe-pátria imprimiu na sua própria face, na sua língua, e na única obra nacional verdadeiramente duradoura que conseguiu fundar. O eminente autor daquela frase é o próprio que nos descreve o que eram as carregações do tráfico:

> Quando o navio chegava ao porto de destino – uma praia deserta e afastada – o carregamento desembarcava; e, à luz clara do sol dos trópicos, aparecia uma coluna de esqueletos cheios de pústulas, com o ventre protuberante, as rótulas chagadas, a pele rasgada, comidos de bichos, com o ar parvo e esgazeado dos idiotas. Muitos não se tinham em pé: tropeçavam, caíam e eram levados aos ombros como fardos.

Não é com tais elementos que se vivifica moralmente uma nação. Se Portugal tivesse tido no século XVI a intuição de que a escravidão é sempre um erro, e força bastante para puni-la como crime, o Brasil "não se teria tornado no que vemos"; seria ainda talvez uma colônia portuguesa, o que eu não creio, mas estaria crescendo sadio, forte e viril como o Canadá e a Austrália. É possível que nesse caso ele não houvesse tido forças para repelir o estrangeiro, como repeliu os holandeses, e seja exata a afirmação de que, a não serem os escravos, o Brasil teria passado a outras mãos e não seria português. Ninguém pode dizer o que teria sido a história se acontecesse o contrário do que aconteceu. Entre um Brasil arrebatado aos portugueses no século XVII, por estes não consentirem o tráfico, e explorado com escravos por holandeses ou franceses, e o Brasil, explorado com escravos pelos mesmos portugueses, ninguém sabe o que teria sido melhor para a história da nossa região. Entre o Brasil, explorado por meio de africanos livres por Portugal, e o mesmo Brasil, explorado com escravos também por portugueses, o primeiro a esta hora seria uma nação muito mais robusta do que é o último. Mas entre o que houve – a exploração da América do Sul por alguns portugueses cercados de um povo de escravos importados da África – e a proibição severa da escravidão na América portuguesa, a colonização gradual do território por europeus, por mais lento que fosse o processo, seria infinitamente mais vantajosa para o destino dessa vasta região do que o foi, e o será, o haverem-se espalhado por todo o território ocupado as raízes quase que inextirpáveis da escravidão.

Diz-se que a raça branca não se aclimaria no Brasil sem a imunidade de que lhe proveio do cruzamento com os indígenas e os africanos. Em primeiro lugar, o mau elemento de população não foi a raça negra, mas essa raça reduzida ao cativeiro; em segundo lugar, nada prova que a raça branca, sobretudo as raças meridionais, tão cruzadas de sangue mouro e negro, não possam existir e desenvolver-se nos trópicos. Em todo o caso, se a raça branca não se pode adaptar aos trópicos, em condições de fecundidade ilimitada, essa raça não há de indefinidamente prevalecer no Brasil: o desenvolvimento vigoroso dos mestiços há de por fim sobrepujá-la, a imigração europeia não bastará para manter, o predomínio perpétuo de uma espécie de homens, à qual o sol e o clima são infensos. A ser assim, o Brasil ainda mesmo hoje, como povo europeu, seria uma tentativa de adaptação humana forçosamente efêmera: mas nada está menos provado do que essa incapacidade orgânica da raça branca para existir e prosperar em uma zona inteira da terra.

Admitindo-se, sem a escravidão, que o número dos africanos fosse o mesmo, e maior se se quiser, os cruzamentos teriam sempre ocorrido; mas a família teria aparecido desde o começo. Não seria o cruzamento pelo concubinato, pela promiscuidade das senzalas, pelo abuso da força do senhor; o filho não nasceria debaixo do açoite, não seria levado para a roça ligado às costas da mãe, obrigada à tarefa da enxada; o leite desta não seria utilizado, como o de cabra, para alimentar outras crianças, ficando para o próprio filho as últimas gotas que ela pudesse forçar do seio cansado e seco; as mulheres não fariam o trabalho dos homens, não iriam para o serviço do campo ao sol ardente do meio-dia, e poderiam, durante a gravidez, atender ao seu estado. Não é do cruzamento que se trata, mas sim da reprodução no cativeiro, em que o interesse verdadeiro da mãe era que o filho não vingasse. Calcule-se o que a exploração dessa bárbara indústria – expressa em 1871 nas seguintes palavras dos fazendeiros do Piraí: "a parte mais produtiva da propriedade escrava é o ventre gerador" – deva ter sido durante três séculos sobre milhões de mulheres. Tome-se a família branca, como ser moral, em três gerações, e veja-se qual foi o rendimento para essa família de uma só escrava comprada pelo seu fundador.

A história da escravidão africana na América é um abismo de degradação e miséria que se não pode sondar, e, infelizmente, essa é a história do crescimento do Brasil. No ponto a que chegamos, olhando para o passado, nós, brasileiros, descendentes ou da raça que escreveu essa triste página da humanidade ou da raça com cujo sangue ela foi escrita, ou da fusão de uma e outra, não devemos perder tempo a envergonhar-nos desse longo passado que não podemos lavar, dessa hereditariedade que não há como repelir. Devemos fazer convergir todos os nossos esforços para o fim de eliminar a escravidão do nosso organismo, de forma que essa fatalidade nacional diminua em nós e se transmita às gerações futuras, jamais apagada, rudimentar e atrofiada.

Muitas das influências da escravidão podem ser atribuídas à raça negra, ao seu desenvolvimento mental atrasado, aos seus instintos bárbaros ainda, às suas superstições grosseiras. A fusão do catolicismo, tal como o apresentava ao nosso povo o fanatismo dos missionários, com a feitiçaria africana – influência ativa e extensa nas camadas inferiores, intelectualmente falando, da nossa população, e que pela ama de leite, pelos contatos da escravidão doméstica, chegou até aos mais notáveis dos nossos homens; a ação de doenças africanas sobre a constituição física de parte do nosso povo; a corrupção da língua, das maneiras sociais, da educação e outros tantos efeitos resultantes do cruzamento com uma raça num período mais atrasado de desenvolvimento, podem ser considerados isoladamente do cativeiro. Mas, ainda mesmo no que seja mais característico dos africanos importados, pode afirmar-se que, introduzidos no Brasil, em um período no qual não se desse o fanatismo religioso, a cobiça, independente das leis, a escassez da população aclimada e sobretudo a escravidão, doméstica e pessoal, o cruzamento entre brancos e negros não teria sido acompanhado do abastardamento da raça mais adiantada pela mais atrasada, mas da gradual elevação da última.

    Não pode, para concluir, ser objeto de dúvida que a escravidão transportou da África para o Brasil mais de dois milhões de africanos; que, pelo interesse do senhor na produção do ventre escravo, ela favoreceu quanto pôde a fecundidade das mulheres negras; que os descendentes dessa população formam pelo menos dois terços do nosso povo atual; que durante três séculos a escravidão, operando sobre milhões de indivíduos, em grande parte desse período sobre a maioria da população nacional, impediu o aparecimento regular da família nas camadas fundamentais do país; reduziu a procriação humana a um interesse venal dos senhores; manteve toda aquela massa pensante em estado puramente animal; não a alimentou, não a vestiu suficientemente; roubou-lhe as suas economias, e nunca lhe pagou os seus salários; deixou-a cobrir-se de doenças, e morrer ao abandono; tornou impossíveis para ela hábitos de previdência, de trabalho voluntário, de responsabilidade própria, de dignidade pessoal; fez dela o jogo de todas as paixões baixas, de todos os caprichos sensuais, de todas as vinditas cruéis de uma outra raça.

É quase impossível acompanhar a ação de tal processo nessa imensa escala – inúmeras vezes realizados por descendentes de escravos – em todas as direções morais e intelectuais em que ele operou e opera; nem há fator social que exerça a mesma extensa e profunda ação psicológica que a escravidão quando faz parte integrante da família. Pode-se descrever essa influência, dizendo que a escravidão cercou todo o espaço ocupado do Amazonas ao Rio Grande do Sul de um ambiente fatal a todas as qualidades viris e nobres, humanitárias e progressivas, da nossa espécie; criou um ideal de pátria grosseiro, mercenário, egoísta e retrógrado, e nesse molde fundiu durante séculos as três raças heterogêneas que hoje constituem a nacionalidade brasileira. Em outras palavras ela tornou, na frase do direito medievo, em nosso território o próprio ar – *servil,* como o ar das aldeias da Alemanha que nenhum homem livre podia habitar sem perder a liberdade. *Die Luft leibeigen war* é uma frase que, aplicada ao Brasil todo, melhor que outra qualquer, sintetiza a obra *nacional* da escravidão: ela criou uma atmosfera que nos envolve e abafa todos, e isso no mais rico e admirável dos domínios da terra.

XIV

Influência sobre o território e a população do interior

"Não há um senhor de escravos nesta casa ou fora dela que não saiba perfeitamente bem que se a escravidão ficar fechada dentro de certos limites especificados, a sua existência futura estará condenada. A escravidão não pode encerrar-se dentro de limites certos sem produzir a destruição não só do senhor, como também do escravo."

Palavras do Juiz Warner, da Geórgia, citadas em *The Proposed Slave Empire* de C.S. Miall

Em 1880 a Assembleia Provincial do Rio de Janeiro dirigiu à Assembleia Geral uma representação em que se lê o seguinte trecho:

> É desolador o quadro que se oferece às vistas do viajante que percorre o interior da província, e mais precária é sua posição nos municípios de serra abaixo, onde a fertilidade primitiva do solo já se esgotou e a incúria deixou que os férteis vales se transformassem em lagoas profundas que intoxicam todos aqueles que delas se avizinham. Os infelizes habitantes do campo, sem direção, sem apoio, sem exemplos, não fazem parte da comunhão social, não consomem, não produzem. Apenas tiram da terra alimentação incompleta quando não encontram a caça e a pesca das coutadas e viveiros dos grandes proprietários. Desta arte são considerados uma verdadeira praga, e convém não esquecer que mais grave se tornará a situação quando a

esses milhões de párias se adicionar o milhão e meio de escravos, que hoje formam os núcleos das grandes fazendas.

Essas palavras insuspeitas, de uma assembleia escravagista, descrevem a obra da escravidão: onde ela chega queima as florestas, minera e esgota o solo, e quando levanta as suas tendas deixa após si um país devastado em que consegue vegetar uma população miserável de proletários nômades.

O que se dá no Rio de Janeiro, dá-se em todas as outras províncias onde a escravidão se implantou. André Rebouças, descrevendo o estado atual do Recôncavo da Bahia, esse antigo paraíso do tráfico, fez o quadro da triste condição dos terrenos, ainda os mais férteis, por onde passa aquela praga.[36] Quem vai embarcado a Nazaré, e para em Jaguaripe e Maragogipinho, ou vai pela estrada de ferro a Alagoinhas, e além, vê que a escravidão, ainda mesmo vivificada e alentada pelo vapor e pela locomotiva, é em si um princípio de morte inevitável mais ou menos lenta. Não há à margem do rio, nem da estrada, senão sinais de vida decadente e de atrofia em começo. A indústria grosseira do barro é explorada, em alguns lugares, do modo mais primitivo; em Jaguaripe os edifícios antigos, como a igreja, do período florescente da escravidão, contrastam com a paralisia de hoje.

A verdade é que as vastas regiões exploradas pela escravidão colonial têm um aspecto único de tristeza e abandono: não há nelas o consórcio do homem com a terra, as feições da habitação permanente, os sinais do crescimento natural. O passado está aí visível, não há, porém, prenúncio do futuro: o presente é o definhamento gradual que precede a morte. A população não possui definitivamente o solo: o grande proprietário conquistou-o à natureza com os seus escravos, explorou-o, enriqueceu por ele extenuando-o, depois faliu pelo emprego extravagante que tem quase sempre a fortuna mal adquirida, e, por fim, esse solo voltou à natureza, estragado e exausto.

É assim que nas províncias do Norte a escravidão se liquidou, ou está liquidando, pela ruína de todas as suas antigas empresas. O ouro realizado pelo açúcar foi largamente empregado em escravos, no luxo desordenado da vida senhorial; as propriedades, com a extinção dos vínculos, passaram das antigas famílias da terra, por hipotecas ou pagamento de dívidas, para outras mãos; e os descendentes dos antigos morgados e senhores territoriais acham-se hoje reduzidos à mais precária condição imaginável, na Bahia, no Maranhão, no Rio e em Pernambuco, obrigados a recolher-se ao grande asilo das fortunas desbaratadas da escravidão, que é o funcionalismo público. Se, por acaso, o Estado despedisse todos os seus pensionistas e empregados, ver-se-ia a situação real a que a escravidão reduziu os representantes das famílias que a exploraram no século XIX e no XX, isto é, como ela liquidou-se, quase sempre pela bancarrota das riquezas que produziu. E o que temos visto é nada em comparação do que havemos de ver.

O Norte todo do Brasil há de recordar, por muito tempo, que o resultado final daquele sistema é a pobreza e a miséria do país. Nem é de admirar que a cultura do solo por uma classe sem interesse algum no trabalho que lhe é extorquido dê esses resultados. Como se sabe, o regime da terra sob a escravidão consiste na divisão de todo o solo explorado em certo número de grandes propriedades.[37] Esses feudos são logo isolados de qualquer comunicação com o mundo exterior; mesmo os agentes do pequeno comércio, que neles penetram, são suspeitos ao senhor, e os escravos que nascem e morrem dentro do horizonte do engenho ou da fazenda são praticamente galés. A divisão de uma vasta província em verdadeiras colônias penais, refratárias ao progresso, pequenos ashantis em que impera uma só vontade, entregue, às vezes, a administradores saídos da própria classe dos escravos, e sempre a feitores, que em geral são escravos sem entranhas, não pode trazer benefício algum permanente à região parcelada, nem à população livre que nela mora, por favor dos donos da terra, em estado de contínua dependência.

Por isso também, os progressos do interior são nulos em trezentos anos de vida nacional. As cidades, a que a presença dos governos provinciais não dá uma animação artificial, são por assim dizer mortas. Quase todas são decadentes. A capital centraliza todos os fornecimentos para o interior; é com o correspondente do Recife, da Bahia ou do Rio que o senhor de engenho e o fazendeiro se entendem, e assim o comércio dos outros municípios da província é nenhum. O que se dá na Bahia e em Pernambuco dá-se em toda a parte. A vida provincial está concentrada nas capitais, e a existência que essas levam, o pouco progresso que fazem, o lento crescimento que têm, mostram que essa centralização, longe de derramar vida pela província, fá-la definhar. Essa falta de centros locais é tão grande que o mapa de cada província poderia ser feito sem se esconder nenhuma cidade florescente, notando-se apenas as capitais. Muitas destas mesmo constam de insignificantes coleções de casas, cujo material todo, e tudo o que nelas se contém, não bastaria para formar uma cidade norte-americana de décima ordem. A vida nas outras é precária, falta tudo o que é bem-estar; não há água encanada nem iluminação a gás, a municipalidade não tem a renda de um particular medianamente abastado, não se encontra o rudimento, o esboço sequer, dos órgãos funcionais de uma *cidade*. São esses os *grandes* resultados da escravidão em trezentos anos.

Ao lado dessa velhice antecipada de povoações, que nunca chegaram a desenvolver-se, e muitas das quais hão de morrer sem passar do que são hoje, imagine-se a improvisação de uma cidade americana do Far West, ou o crescimento rápido dos estabelecimentos da Austrália. Em poucos anos nos Estados Unidos uma povoação cresce, passa pelos sucessivos estados, levanta-se sobre uma planta na qual foram antes de tudo marcados os locais dos edifícios necessários à vida moral da comunhão, e quando chega a ser cidade é um todo cujas diversas partes desenvolveram-se harmoniosamente.

Mas essas cidades são o centro de uma pequena zona que se desenvolveu, também, de modo radicalmente diverso da nossa zona agrícola. Fazendas ou engenhos isolados, com uma fábrica de escravos, com os moradores das terras na posição de agregados do estabelecimento, de camaradas ou capangas; onde os proprietários não permitem relações entre o seu povo e estranhos; divididos, muitas vezes, entre si por questões de demarcação de terras, tão fatais num país onde a justiça não tem meios contra os potentados; não podem dar lugar à aparição de cidades internas, autônomas, que vivifiquem com os seus capitais e recursos a zona onde se estabeleçam. Tome-se o Cabo, ou Valença, ou qualquer outra cidade do interior de qualquer província, e há de ver-se que não tem vida própria, que não preenche função alguma definitiva na economia social. Uma ou outra que apresenta, como Campinas ou Campos, uma aparência de florescimento, é porque está na fase do brilho meteórico que as outras também tiveram, e da qual a olho desarmado pode reconhecer-se o caráter transitório.

O que se observa no Norte, observa-se no Sul, e observar-se-ia melhor ainda se o café fosse destronado pela *Hemileia Vastatrix*. Enquanto durou a idade do ouro do açúcar, o Norte apresentava um espetáculo que iludia a muitos. As casas, os chamados palacetes, da aristocracia territorial na Bahia e no Recife, as librés dos lacaios, as liteiras, as cadeirinhas, e as carruagens nobres marcam o monopólio florescente da cana – quando a beterraba ainda não havia aparecido no horizonte. Assim também as riquezas da lavoura do Sul, de fato muito exageradas, de liquidação difícil, mas apesar de tudo consideráveis, e algumas, para o país, enormes, representam a prosperidade temporária do café. A concorrência há de surgir, como surgiu para o açúcar. É certo que este pode ser extraído de diversas plantas, ao passo que o café só é produzido pelo cafezeiro; mas diversos países o estão cultivando e hão de produzi-lo mais barato, sobretudo pelo custo do transporte, além de que o Ceilão já mostrou os pés de barro dessa lavoura única.

Quando passar o reinado do café, e os preços baixos já serviram de prenúncio, o Sul há de ver-se reduzido ao estado do Norte. Ponhamos São Paulo e o extremo Sul de lado, e consideremos o Rio de Janeiro e Minas Gerais. Sem o café, uma e outra são duas províncias decrépitas. Ouro Preto não representa hoje na vida nacional maior papel do que representou Vila Rica nos dias em que a casa de Tiradentes foi arrasada por sentença; Mariana, São João del Rei, Barbacena, Sabará, Diamantina, ou estão decadentes, ou, apenas, conseguem não decair. É nos municípios do café que está a parte opulenta de Minas Gerais.

Com São Paulo dá-se um fato particular. Apesar de ser São Paulo o baluarte atual da escravidão, em São Paulo e nas províncias do Sul ela não causou tão grandes estragos; é certo que São Paulo empregou grande parte do seu capital na compra de escravos do Norte, mas a lavoura não depende tanto quanto a do Rio de Janeiro e a de Minas Gerais da escravidão para ser reputada solvável.

Tem-se exagerado muito a iniciativa paulista nos últimos anos, por haver a província feito estradas de ferro sem socorro do Estado, depois que viu os resultados da estrada de ferro de Santos a Jundiaí; mas, se os paulistas não são, como foram chamados, os *yankees* do Brasil, o qual não tem *yankees* – nem São Paulo é a província mais adiantada, nem a mais americana, nem a mais liberal de espírito do país; será a Louisiana do Brasil, não o Massachusetts – não é menos certo que a província, por ter entrado no seu período florescente no fim do domínio da escravidão, há de revelar na crise maior elasticidade do que as suas vizinhas.

No Paraná, em Santa Catarina, no Rio Grande, a imigração europeia infunde sangue novo nas veias do povo, reage contra a escravidão constitucional, ao passo que a virgindade das terras e a suavidade do clima abrem ao trabalho livre horizontes maiores do que teve o escravo. No Vale do Amazonas, igualmente, a posse da escravidão sobre o território foi até hoje nominal; a pequena população formou-se diversamente, longe de senzalas; a navegação a vapor do grande mediterrâneo brasileiro só começou há trinta anos, e a imensa Bacia do Amazonas, cujos tributários são como o Madeira, o Tocantins, o Purus, o Tapajós, o Xingu, o Juruá, o Javari, o Tefé, o Japurá, o Rio Negro, cursos de água de mais de mil, dois mil, e mesmo três mil quilômetros, está assim ainda por explorar, em grande parte no poder dos indígenas, perdida para a indústria, para o trabalho, para a civilização. O atraso dessa vastíssima área pode ser imaginado pela descrição que faz dela o Sr. Couto de Magalhães, o explorador do Araguaia, no seu livro *O selvagem*. É um território, conta-nos ele, ou coberto de florestas alagadas, nas quais se navega em canoas como nos pantanais do Paraguai, ou de campinas abertas e despovoadas com algum arvoredo rarefeito.

Os três milhões de quilômetros quadrados de duas das províncias em que se divide a Bacia do Amazonas, o Pará e o Amazonas, com espaço para quase seis países como a França, e com o território vazio limítrofe para toda a Europa, menos a Rússia, não têm uma população de quinhentos mil habitantes. O estado dessa região é tal que em 1878 o governo brasileiro fez concessão por vinte anos do Vale do Alto Xingu, um tributário do Amazonas cujo curso é calculado em cerca de dois mil quilômetros, com todas as suas produções e tudo o que nele se achasse, a alguns negociantes do Pará! O Parlamento não ratificou essa doação; mas o fato de ter sido ela feita mostra como, praticamente, ainda é *res nullius* a Bacia do Amazonas. Os seringais, apesar da sua imensa extensão, têm sido grandemente destruídos, e essa riqueza natural do grande vale está ameaçada de desaparecer, porque o caráter da indústria extrativa é tão ganancioso, e por isso esterilizador, no regime da escravidão como o da cultura do solo. O regatão é o agente da destruição no Amazonas como o senhor de escravos o foi no Norte e no Sul.

> Por toda a parte – dizia no seu relatório à Assembleia Provincial do Pará em 1862 o presidente Brusque[38] – onde penetra o homem civilizado nas margens dos rios inabitados, ali encontra os traços não apagados dessa população [os indígenas] que vagueia sem futuro. E a pobre aldeia, as mais das vezes por eles mesmos erguida em escolhida paragem, onde a terra lhes oferece mais ampla colheita da pouca mandioca que plantam, desaparece de todo, pouco tempo depois da sua lisonjeira fundação. O regatão, formidável cancro que corrói as artérias naturais do comércio lícito das povoações centrais, desviando delas a concorrência dos incautos consumidores, não contente com os fabulosos lucros que assim aufere, transpõe, audaz, enormes distâncias e lá penetra também na choça do índio. Então a aldeia se converte para logo num bando de servidores, que distribui a seu talante, mais pelo rigor do que pela brandura, nos diversos serviços que empreendem na colheita dos produtos naturais. Pelo abandono da aldeia se perde a roça, a choça desaparece, e o mísero índio, em recompensa de tantos sacrifícios e trabalhos, recebe muitas vezes *uma calça e uma camisa.*

Esses regatões, de quem disse o bispo do Pará[39], que "embriagam os chefes das casas para mais facilmente desonrar-lhes as famílias", que "não há imoralidade que não pratiquem", não são mais do que o produto da escravidão, estabelecida nas capitais, atuando sobre o espírito cúpido e aventureiro de homens sem educação moral.

Como a aparência de riqueza, que a extração da borracha dá ao vale do Amazonas, foi a do açúcar e do café cultivado pelos processos e com o espírito da escravidão. O progresso e crescimento da capital contrasta com a decadência do interior. É o mesmo em toda a parte. Com a escravidão não há centros locais, vida de distrito, espírito municipal; as paróquias não tiram benefícios da vizinhança de potentados ricos; a aristocracia que possui a terra não se entrega a ela, não trata de torná-la a morada permanente, saudável e cheia de conforto de uma população feliz; as famílias são todas nômades enquanto gravitam para o mesmo centro, que é a corte. A fazenda ou o engenho serve para cavar o dinheiro que se vai gastar na cidade, para a hibernação e o aborrecimento de uma parte do ano. A terra não é fertilizada pelas economias do pobre, nem pela generosidade do rico; a pequena propriedade não existe senão por tolerância[40], não há as classes médias que fazem a força das nações. Há o opulento senhor de escravos, e proletários. A nação, de fato, é formada de proletários, porque os descendentes dos senhores logo chegam a sê-lo.

É um triste espetáculo essa luta do homem com o território por meio do trabalho escravo. Em parte alguma o solo adquire vida; os edifícios que nele se levantam são uma forma de luxo passageiro e extravagante, destinada a pronta decadência e abandono. A população vive em choças onde o vento e a chuva penetram, sem soalho nem vidraças, sem móveis nem conforto algum, com a rede do índio ou o estrado do negro por leito, a vasilha de água e a panela por utensílios, e a viola suspensa ao lado da imagem. Isso é no campo; nas pequenas cidades e vilas do interior as habitações dos pobres, dos que não têm emprego nem negócio, são pouco mais que essas miseráveis palhoças do agregado ou do morador. Nas capitais de ruas elegantes e subúrbios aristocráticos estende-se, como nos Afogados no Recife, às portas da cidade, o bairro da pobreza com a sua linha de cabanas que parecem, no século XIX, residências de animais, como nas calçadas mais frequentadas da Bahia, e nas praças do Rio, ao lado da velha casa nobre, que fora de algum antigo morgado ou de algum traficante enobrecido, vê-se o miserável e esquálido antro do africano, como a sombra grotesca dessa riqueza efêmera e do abismo que a atrai.

Quem vê os caminhos de ferro que temos construído, a imensa produção de café que exportamos, o progresso material que temos feito, pensa que os resultados da escravidão não são assim tão funestos ao território. É preciso, porém, lembrar que a aparência atual de riqueza e prosperidade provém de um produto só – quando a população do país excede de dez milhões – e que a liquidação forçada desse produto seria nada menos do que uma catástrofe financeira. A escravidão está no Sul no apogeu, no seu grande período industrial, quando tem terras virgens, como as de São Paulo a explorar, e um gênero de exportação precioso a produzir. A empresa, neste momento, porque ela não é outra coisa, está dando algum lucro aos associados. Lucro, de que partilham todas as classes intermediárias do comércio, comissários, ensacadores, exportadores; cujas migalhas sustentam uma clientela enorme de todas as profissões, desde o camarada que faz o serviço de votante, até ao médico, ao advogado, ao vigário, ao juiz de paz; e do qual por fim uma parte, e não pequena, é absorvida pelo Tesouro para manutenção da cauda colossal do nosso orçamento – o funcionalismo público. Com essa porcentagem dos proventos da escravidão, o Estado concede garantia de juros de 7% a companhias inglesas que constroem estradas de ferro no país, e assim o capital estrangeiro, atraído pelos altos juros e pelo crédito intacto de uma nação que parece solvável, vai tentar fortuna em empresas como a Estrada de Ferro de São Paulo, que têm a dupla garantia do Brasil e – do café.

Mas essa ilusão toda de riqueza, de desenvolvimento nacional, criada por este, como a do açúcar e a do algodão no Norte, como a da borracha no Vale do Amazonas, como a do ouro em Minas Gerais, não engana a quem a estuda e observa nos seus contrastes, na sombra que ela projeta. A realidade é um povo antes escravo do que senhor do vasto território que ocupa; a cujos olhos o trabalho foi sistematicamente aviltado; ao qual se ensinou que a nobreza está em fazer trabalhar; afastado da escola; indiferente a todos os sentimentos, instintos, paixões e necessidades, que formam dos habitantes de um mesmo país, mais do que uma simples sociedade – uma nação. Quando o Sr. Silveira Martins disse no Senado: "O Brasil é o café, e o café é o negro" – não querendo por certo dizer o escravo –, definiu o Brasil como fazenda, como empresa comercial de uma pequena minoria de interessados, em suma, o Brasil da escravidão atual. Mas basta que um país, muito mais vasto do que a Rússia da Europa, quase o dobro da Europa sem a Rússia, mais de um terço do Império Britânico nas cinco partes do mundo, povoado por mais de dez milhões de habitantes, possa ser descrito daquela forma, para se avaliar o que a escravidão fez dele.

Esse terrível azorrague não açoitou somente as costas do homem negro, macerou as carnes de um povo todo. Pela ação de leis sociais poderosas, que decorrem da moralidade humana, essa fábrica de espoliação não podia realizar bem algum, e foi, com efeito, um flagelo que imprimiu na face da sociedade e da terra todos os sinais da decadência prematura. A fortuna passou das mãos dos que a fundaram às dos credores; poucos são os netos de agricultores que se conservam à frente das propriedades que seus pais herdaram; o adágio "pai rico, filho nobre, neto pobre" expressa a longa experiência popular dos hábitos da escravidão, que dissiparam todas as riquezas, não raro no exterior e, como temos visto, em grande parte, eliminaram da reserva nacional o capital acumulado naquele regime.

A escravidão explorou parte do território estragando-o, e não foi além, não o abarcou todo, porque não tem iniciativa para migrar, e só avidez para estender-se. Por isso, o Brasil é ainda o maior pedaço de terra incógnita no mapa do globo.

Num Estado de escravos – diz o Sr. T.R. Cobb, da Geórgia[41] –, a maior prova de riqueza no agricultor é o número dos escravos. A melhor propriedade, para emprego de capital, são os escravos. A melhor propriedade a deixar aos filhos, e da qual se separam com maior relutância, são os escravos. Por isso, o agricultor emprega o excesso da sua renda em escravos. O resultado natural é que as terras são uma consideração secundária. Não fica saldo para melhorá-las. O estabelecimento tem valor somente enquanto as terras adjacentes são proveitosas para o cultivo. Não tendo o agricultor afeições locais, os filhos não as herdam. Pelo contrário, ele mesmo os anima a irem em busca de novas terras. O resultado é que, como classe, nunca estão estabelecidos. Essa população é quase nômade. É inútil procurar excitar emoções patrióticas em favor da terra do nascimento, quando o interesse próprio fala tão alto. Por outro lado, onde a escravidão não existe, e os lucros do agricultor não podem ser empregados em trabalhadores, são aplicados em melhorar ou estender a sua propriedade e aformosear o seu solar.

Foi isso o que aconteceu entre nós, sendo que em parte alguma a cultura do solo foi mais destruidora. A última seca do Ceará pôs, do modo mais calamitoso, em evidência uma das maldições que sempre acompanharam, quando não precederam, a marcha da escravidão, isto é, a destruição das florestas pela queimada.

O machado e o fogo são os cruéis instrumentos, escreve o Senador Pompeu, com que uma população, ignara dos princípios rudimentares da economia rural, e herdeira dos hábitos dos aborígines, há dois séculos desnuda sem cessar as nossas serras e vales dessas florestas virgens, só para aproveitar-se o adubo de um roçado em um ano.⁴²

A cada passo encontramos e sentimos os vestígios desse sistema, que reduz um belo país tropical da mais exuberante natureza ao aspecto das regiões onde se esgotou a força criadora da terra.

Para resumir-me, num campo de observação que exigiria um livro à parte, a influência da escravidão, sobre o território e a população que vive dele, foi em todos os sentidos desastrosa. Como exploração do país, os seus resultados são visíveis na carta geográfica do Brasil, na qual os pontos negros do seu domínio são uma área insignificante comparada à área desconhecida ou despovoada; como posse do solo explorado, nós vimos o que ela foi e é. O caráter da sua cultura é a imprevidência, a rotina, a indiferença pela máquina, o mais completo desprezo pelos interesses do futuro, a ambição de tirar o maior lucro imediato com o menor trabalho próprio possível, qualquer que seja o prejuízo das gerações seguintes. O parcelamento feudal do solo que ela instituiu, junto ao monopólio do trabalho que possui, impede a formação de núcleos de população industrial e a extensão do comércio no interior. Em todos os sentidos foi ela, e é, um obstáculo ao desenvolvimento material dos municípios: explorou a terra sem atenção à localidade, sem reconhecer deveres para com o povo de fora das suas porteiras; queimou, plantou e abandonou; consumiu os lucros na compra de escravos e no luxo da cidade; não edificou escolas, nem igrejas, não construiu pontes, nem melhorou rios, não canalizou a água nem fundou asilos, não fez estradas, não construiu casas, sequer para os seus escravos, não fomentou nenhuma indústria, não deu valor venal à terra, não fez benfeitorias, não granjeou o solo, não empregou máquinas, não concorreu para progresso algum da zona circunvizinha. O que fez foi esterilizar o solo pela sua cultura extenuativa, embrutecer os escravos, impedir o desenvolvimento dos municípios, e espalhar em torno dos feudos senhoriais o aspecto das regiões miasmáticas, ou devastadas pelas instituições que suportou, aspecto que o homem livre instintivamente reconhece. Sobre a população toda do nosso interior, ou às orlas das capitais, ou nos páramos do sertão, os seus efeitos foram: dependência, miséria, ignorância, sujeição ao arbítrio dos potentados – para os quais o recrutamento foi o principal meio de ação; a falta de um canto de terra que o pobre pudesse chamar seu, ainda que por certo prazo, e cultivar como próprio; de uma casa que fosse para ele um asilo inviolável e da qual não o mandassem esbulhar à vontade; da família – respeitada e protegida. Por último, essa população foi por mais de três séculos acostumada a considerar o trabalho do campo como próprio de escravos. Saída quase toda das senzalas, ela julga aumentar a distância que a separa daqueles, não fazendo livremente o que eles fazem forçados.

  Mais de uma vez, tenho ouvido referir que se oferecera dinheiro a um dos nossos sertanejos por um serviço leve e que esse recusara prestá-lo. Isso não me admira. Não se lhe oferecia um salário certo. Se lhe propusessem um meio de vida permanente, que melhorasse a sua condição, ele teria provavelmente aceito a oferta. Mas, quando não a aceitasse, admitindo-se que os indivíduos com quem se verificaram tais fatos representem uma classe de brasileiros que se conta por milhões, como muitos pretendem, a dos que recusam trabalhar por salário, que melhor prova da terrível influência da escravidão? Durante séculos ela não consentiu mercado de trabalho e não se serviu senão de escravos; o trabalhador livre não tinha lugar na sociedade, sendo um nômade, um mendigo, e por isso em parte nenhuma achava ocupação fixa; não tinha em torno de si o incentivo que desperta no homem pobre a vista do bem-estar adquirido por meio do trabalho por indivíduos da sua classe, saídos das mesmas camadas que ele. E como vivem, como se nutrem, esses milhões de homens, porque são milhões que se acham nessa condição intermédia, que não é o escravo, mas também não é o cidadão; cujo único contingente para o sustento da comunhão, que aliás nenhuma proteção lhes garante, foi sempre o do sangue, porque essa era a massa recrutável, os feudos agrícolas roubando ao exército os senhores e suas famílias, os escravos, os agregados, os moradores, e os brancos?

As habitações já as vimos. São quatro paredes, separadas no interior por uma divisão em dois ou três cubículos infectos, baixas e esburacadas, abertas à chuva e ao vento, pouco mais do que o curral, menos do que a estrebaria. É nesses ranchos que vivem famílias de cidadãos brasileiros! A alimentação corresponde à independência de hábitos sedentários causada pelas moradas. É a farinha de mandioca que forma a base da alimentação, na qual entra, como artigo de luxo, o bacalhau da Noruega ou o charque do Rio da Prata.

> Eles vivem diretamente – diz o Sr. Milet referindo-se à população, que está "fora do movimento geral das trocas internacionais", avaliada por ele na quinta parte da população do Brasil, e que faz parte desses milhões de párias livres da escravidão – da caça e da pesca, dos frutos imediatos do seu trabalho agrícola, da criação do gado e dos produtos de uma indústria rudimentar.[43]

Foi essa a população que se foi internando, vivendo como ciganos, aderindo às terras das fazendas ou dos engenhos onde achava agasalho, formando-se em pequenos núcleos nos interstícios das propriedades agrícolas, edificando as suas quatro paredes de barro onde se lhe dava permissão para fazê-lo, mediante condições de vassalagem que constituíam os moradores em servos da gleba.

Para qualquer lado que se olhe, esses efeitos foram os mesmos. *Latifundia, perdidere Italiam* é uma frase que soa como uma verdade tangível aos ouvidos do brasileiro. Compare por um momento, quem viajou nos Estados Unidos ou na Suíça, o aspecto do país, da cultura, da ocupação do solo pelo homem. Diz-se que o Brasil é um país novo; sim, é um país novo em algumas partes, virgem mesmo, mas em outras é um país velho; há mais de trezentos anos que as terras foram primeiro desbastadas, as florestas abatidas, e plantados os canaviais. Tome-se Pernambuco, por exemplo, onde no século XVI João Pais Barreto fundou o Morgado do Cabo; que tinha no século XVII durante a ocupação holandesa bom número de engenhos de açúcar; que lutou palmo a palmo contra a Companhia das Índias Ocidentais para seguir a sorte de Portugal e compare-se essa província heroica de mais de trezentos anos com países, por assim dizer, de ontem, como as colônias da Austrália e a Nova Zelândia; com os últimos Estados que entraram para a União Americana. Se não fora a escravidão, o nosso crescimento não seria por certo tão rápido como o dos países ocupados pela raça inglesa; Portugal não poderia vivificar--nos, desenvolver-nos com os seus capitais, como faz a Inglaterra com as suas colônias; o valor do homem seria sempre menor, e portanto o do povo e o do Estado. Mas, por outro lado, sem a escravidão não teríamos hoje em existência um povo criado fora da esfera da civilização, e que herdou grande parte das suas tendências, por causa das privações que lhe foram impostas e do regime brutal a que o sujeitaram, da raça mais atrasada e primitiva, corrigindo assim, felizmente, a hereditariedade da outra, é certo mais adiantada, porém cruel, desumana, ávida de lucros ilícitos, carregada de crimes atrozes: aquela que responde pelos milhões de vítimas de três séculos de escravatura.

    Onde quer que se a estude, a escravidão passou sobre o território e os povos que a acolheram como um sopro de destruição. Ou se a veja nos ergástulos da antiga Itália, nas aldeias da Rússia, nas plantações dos Estados do Sul, ou nos engenhos e fazendas do Brasil, ela é sempre a ruína, a intoxicação e a morte. Durante um certo período ela consegue esconder, pelo intenso brilho metálico do seu pequeno núcleo, a escuridão que o cerca por todos os lados; mas, quando esse período de combustão acaba, vê-se que a parte luminosa era um ponto insignificante comparado à massa opaca, deserta, e sem vida do sistema todo. Dir-se-ia que, assim como a matéria não faz senão transformar-se, os sofrimentos, as maldições, as interrogações mudas a Deus, do escravo, condenado ao nascer a galés perpétuas, criança desfigurada pela ambição do dinheiro, não se extinguem de todo com ele, mas espalham nesse *vale de lágrimas* da escravidão, em que ele viveu, um fluido pesado, fatal ao homem e à natureza.

É uma terrível pintura – diz o grande historiador alemão de Roma – essa pintura da Itália sob o governo da oligarquia. Não havia nada que conciliasse ou amortecesse o fatal contraste entre o mundo dos mendigos e o mundo dos ricos. A riqueza e a miséria ligadas estreitamente uma com outra expulsaram os italianos da Itália, e encheram a península em parte com enxames de escravos, em parte com silêncio sepulcral. É uma terrível pintura, não, porém, uma que seja particular à Itália; em toda a parte onde o governo dos capitalistas, num país de escravos, se desenvolveu completamente, devastou o belo mundo de Deus da mesma forma. A Itália ciceroniana, como a Helas de Políbio, como a Cartago de Aníbal. Todos os grandes crimes, de que o capital é culpado para com a nação e a civilização no mundo moderno, ficam sempre tão abaixo das abominações dos antigos estados capitalistas, como o homem livre, por mais pobre que seja, fica superior ao escravo, e só quando a semente de dragão da América do

Norte houver amadurecido, terá o mundo que colher frutos semelhantes.[44]

No Brasil essas sementes espalhadas por toda a parte germinaram há muito. E se o mundo não colheu os mesmos frutos, nem sabe que os estamos colhendo, é porque o Brasil não representa nele papel algum e está escondido à civilização "pelos últimos restos do escuro nevoeiro que pesa ainda sobre a América".[45]

XV
INFLUÊNCIAS SOCIAIS E POLÍTICAS DA ESCRAVIDÃO

"Não é somente como instrumento produtivo que a escravidão é apreciada pelos que a sustentam. É ainda mais pelos seus resultados políticos e sociais, como o meio de manter uma forma de sociedade na qual os senhores de escravos são os únicos depositários do prestígio social e poder político, como a pedra angular de um edifício do qual eles são os donos, que esse sistema é estimado. Aboli a escravidão e introduzireis uma nova ordem de coisas."

Professor Cairnes

Depois da ação que vimos do regime servil, sobre o território e a população, os seus efeitos sociais e políticos são meras consequências. Um governo livre, edificado sobre a escravidão, seria virgem na história. Os governos antigos não foram baseados sobre os mesmos alicerces da liberdade individual que os modernos, e representam uma ordem social muito diversa. Só houve um grande fato de democracia combinada com a escravidão depois da Revolução Francesa – os Estados Unidos; mas os Estados do Sul nunca foram governos livres. A liberdade americana, tomada a União como um todo, data, verdadeiramente, da proclamação de Lincoln que declarou livres os milhões de escravos do Sul. Longe de serem países livres, os Estados ao sul do Potomac eram sociedades organizadas sobre a violação de todos os direitos da humanidade. Os estadistas americanos, como Henry Clay e Calhoun, que transigiram ou se identificaram com a escravidão, não calcularam a força do antagonismo que devia, mais tarde, revelar-se tão formidável. O que aconteceu – a rebelião na qual o Sul foi salvo pelo braço do Norte do suicídio que ia cometer, separando-se da União para formar uma potência escravagista, e o modo pelo qual ela foi esmagada – prova que nos Estados Unidos a escravidão não afetara a constituição social toda, como entre nós; mas deixara a parte superior do organismo intacta, e forte ainda bastante para curvar a parte até então dirigente à sua vontade, apesar de toda a sua cumplicidade com essa.

Entre nós não há linha alguma divisória. Não há uma seção do país que seja diversa da outra. O contato foi sinônimo de contágio. A circulação geral, desde as grandes artérias até aos vasos capilares, serve de canal às mesmas impurezas. O corpo todo – sangue, elementos constitutivos, respiração, forças e atividade, músculos e nervos, inteligência e vontade, não só o caráter, senão o temperamento, e mais do que tudo a energia – acha-se afetado pela mesma causa.

Não se trata, somente, no caso da escravidão no Brasil, de uma instituição que ponha fora da sociedade um imenso número de indivíduos, como na Grécia ou na Itália antiga, e lhes dê por função social trabalhar para os cidadãos; trata-se de uma sociedade não só *baseada,* como era a civilização antiga, sobre a escravidão, e permeada em todas as classes por ela, mas também constituída, na sua maior parte, de secreções daquele vasto aparelho.

Com a linha divisória da cor, assim era, por exemplo, nos Estados do Sul da União. Os escravos e os seus descendentes não faziam parte da sociedade. A escravidão misturava, confundia a população em escala muito pequena. Estragava o solo, impedia as indústrias, preparava a bancarrota econômica, afastava a imigração, produzia, enfim, todos os resultados dessa ordem que vimos no Brasil; mas a sociedade americana não era formada de unidades criadas por esse processo. A emenda constitucional, alterando tudo isso, incorporou os negros na comunhão social, e mostrou como são transitórias as divisões que impedem artificialmente ou raças ou classes de tomar o seu nível natural.

Mas, enquanto durou a escravidão, nem os escravos nem os seus descendentes livres concorreram, de forma alguma, para a vida mental ou ativa dessa sociedade parasita que eles tinham o privilégio de sustentar com o seu sangue. Quando veio a abolição, e depois dela a igualdade de direitos políticos, a Virgínia e a Geórgia viram, de repente, todas as altas funções do Estado entregues a esses mesmos escravos, que eram, até então, socialmente falando, matéria inorgânica, e que, por isso, só podiam servir nesse primeiro ensaio de vida política para instrumentos de especuladores adventícios, como os *carpetbaggers*. Esse período, entretanto, pode ser considerado como a continuação da guerra civil. A separação das duas raças, que fora o sistema adotado pela escravidão norte-americana – mantida por uma antipatia à cor preta, que foi sucessivamente buscar fundamentos na maldição de Cam e na teoria da evolução pitecoide, e por princípios severos de educação – continua a ser o estado das relações entre os dois grandes elementos de população dos Estados do Sul.

No Brasil deu-se exatamente o contrário. A escravidão, ainda que fundada sobre a diferença das duas raças, nunca desenvolveu a prevenção da cor, e nisso foi infinitamente mais hábil. Os contatos entre aquelas, desde a colonização primitiva dos donatários até hoje, produziram uma população mestiça, como já vimos, e os escravos, ao receberem a sua carta de alforria, recebiam também a investidura de cidadão. Não há assim, entre nós, castas sociais perpétuas, não há mesmo divisão fixa de classes. O escravo, que, como tal, praticamente, *não existe* para a sociedade, porque o senhor pode não o ter matriculado e, se o matriculou, pode substituí-lo, e a matrícula mesmo nada significa, desde que não há inspeção do Estado nas fazendas, nem os senhores são obrigados a dar contas dos seus escravos às autoridades. Esse ente, assim equiparado, quanto à proteção social, a qualquer outra coisa de domínio particular, é, no dia seguinte à sua alforria, um cidadão como outro qualquer, com todos os direitos políticos, e o mesmo grau de elegibilidade. Pode mesmo, ainda na penumbra do cativeiro, comprar escravos, talvez, quem sabe? – algum filho do seu antigo senhor. Isso prova a confusão de classes e indivíduos, e a extensão ilimitada dos cruzamentos sociais entre escravos e livres, que fazem da maioria dos cidadãos brasileiros, se se pode assim dizer, mestiços políticos, nos quais se combatem duas naturezas opostas: a do senhor de nascimento e a do escravo domesticado.

A escravidão, entre nós, manteve-se aberta e estendeu os seus privilégios a todos indistintamente: brancos ou pretos, ingênuos ou libertos, escravos mesmos, estrangeiros ou nacionais, ricos ou pobres; e, dessa forma, adquiriu, ao mesmo tempo, uma força de absorção dobrada e uma elasticidade incomparavelmente maior do que houvera tido se fosse um monopólio de raça, como nos Estados do Sul. Esse sistema de igualdade absoluta abriu, por certo, um melhor futuro à raça negra do que era o seu horizonte na América do Norte. Macaulay disse na Câmara dos Comuns em 1845, ano do *bill Aberdeen*: "Eu não julgo improvável que a população preta do Brasil seja livre e feliz dentro de oitenta ou cem anos. Não vejo, porém, perspectiva razoável de igual mudança nos Estados Unidos". Essa intuição da felicidade relativa da raça nos dois países parece hoje ser tão certa quanto provou ser errada a suposição de que os Estados Unidos tardariam mais do que nós a emancipar os seus escravos. O que enganou, nesse caso, o grande orador inglês foi o preconceito da cor, que se lhe figurou ser uma força política e social para a escravidão, quando, pelo contrário, a força desta consiste em banir tal preconceito e em abrir a instituição a todas as classes. Mas, por isso mesmo, entre nós, o caos étnico foi o mais gigantesco possível, e a confusão reinante nas regiões em que se está elaborando, com todos esses elementos heterogêneos, a unidade nacional faz pensar na soberba desordem dos mundos incandescentes.

Atenas, Roma, a Virgínia, por exemplo, foram, tomando uma comparação química, simples misturas nas quais os diversos elementos guardavam as suas propriedades particulares; o Brasil, porém, é um composto, do qual a escravidão representa a afinidade causal. O problema que nós queremos resolver é o de fazer desse composto de senhor e escravo um cidadão. O dos Estados do Sul foi muito diverso, porque essas duas espécies não se misturaram. Entre nós a escravidão não exerceu toda a sua influência apenas abaixo da linha romana *ad libertas;* exerceu-a, também, dentro e acima da esfera da *civitas;* nivelou, exceção feita dos escravos, que vivem sempre nos subterrâneos sociais, todas as classes; mas nivelou-as degradando-as. Daí a dificuldade, ao analisar-lhe a influência, de descobrir um ponto qualquer, ou na índole do povo, ou na face do país, ou mesmo nas alturas mais distantes das emanações das senzalas, sobre que, de alguma forma, aquela afinidade não atuasse, e que não deva ser incluída na síntese nacional da escravidão. Vejam-se as diversas classes sociais. Todas elas apresentam sintomas de desenvolvimento ou retardado ou impedido, ou, o que é ainda pior, de crescimento prematuro artificial. Estudem-se as diversas forças, ou que mantêm a hereditariedade nacional ou que lhe dirigem a evolução, e ver-se-á que as conhecidas se estão todas enfraquecendo, e que tanto a conservação como o progresso do país são problemas atualmente insolúveis, dos quais a escravidão, e só ela, é a incógnita. Isso tudo tenho apenas espaço para apontar, não para demonstrar.

Uma classe importante, cujo desenvolvimento se acha impedido pela escravidão, é a dos lavradores que não são proprietários, e, em geral, dos moradores do campo ou do sertão. Já vimos a que se acha, infelizmente, reduzida essa classe, que forma a quase totalidade da nossa população. Sem independência de ordem alguma, vivendo ao azar do capricho alheio, as palavras da oração dominical: *O pão nosso de cada dia nos dai hoje* têm para ela uma significação concreta e real. Não se trata de operários, que, expulsos de uma fábrica, achem lugar em outra; nem de famílias que possam emigrar; nem de jornaleiros que vão ao mercado de trabalho oferecer os seus serviços; trata-se de uma população sem meios, nem recurso algum, ensinada a considerar o trabalho como uma ocupação servil, sem ter onde vender os seus produtos, longe da região do salário – se existe esse *El Dorado,* em nosso país – e que por isso tem que resignar-se a viver e criar os filhos, nas condições de dependência e miséria em que se lhe consente vegetar.

Esta é a pintura que, com verdadeiro sentimento humano, fez de uma porção, e a mais feliz dessa classe, um senhor de engenho, no Congresso Agrícola do Recife em 1878:

> O plantador não fabricante leva vida precária; seu trabalho não é remunerado, seus brios não são respeitados; seus interesses ficam à mercê dos caprichos do fabricante em cujas terras habita. Não há ao menos um contrato escrito que obrigue as partes interessadas; tudo tem base na vontade absoluta do fabricante. Em troca de habitação, muitas vezes péssima, e de algum terreno que lhe é dado para plantações de mandioca, que devem ser limitadas, e feitas em terreno sempre o menos produtivo; em troca disto, parte o parceiro todo o açúcar de suas canas em quantidades iguais; sendo propriedade do fabricante todo o mel de tal açúcar, toda a cachaça delas resultante, todo o bagaço, que é excelente combustível para o fabrico do açúcar, todos os olhos das canas, suculento alimento para o seu gado. É uma partilha leonina, tanto mais injusta quanto todas as despesas da plantação, trato da lavoura, corte, arranjo das canas e seu transporte à fábrica, são feitas exclusivamente pelo plantador meeiro.
>
> À parte os sentimentos dos que são equitativos e generosos, o pobre plantador de canas da classe a que me refiro nem

habitação segura tem: de momento para outro pode ser caprichosamente despejado, sujeito a ver estranhos até à porta da cozinha de sua triste habitação, ou a precipitar a sua saída, levando à família o último infortúnio.[46]

Essa é ainda uma classe favorecida, a dos lavradores meeiros, abaixo da qual há outras que nada têm de seu, moradores que nada têm para vender ao proprietário, e que levam uma existência nômade e segregada de todas as obrigações sociais, como fora de toda a proteção do Estado.

Tomem-se outras classes, cujo desenvolvimento se acha retardado pela escravidão, as classes operárias e industriais, e, em geral, o comércio.

A escravidão não consente, em parte alguma, classes operárias propriamente ditas, nem é compatível com o regime do salário e a dignidade pessoal do artífice. Este mesmo, para não ficar debaixo do estigma social que ela imprime nos seus trabalhadores, procura assinalar o intervalo que o separa do escravo, e imbui-se assim de um sentimento de superioridade, que é apenas baixeza de alma, em quem saiu da condição servil, ou esteve nela por seus pais. Além disso, não há classes operárias fortes, respeitadas e inteligentes, onde os que empregam trabalho estão habituados a mandar escravos. Também, os operários não exercem entre nós a mínima influência política.[47]

Escravidão e indústria são termos que se excluíram sempre como escravidão e colonização. O espírito da primeira, espalhando-se por um país, mata cada uma das faculdades humanas, de que provém a indústria: a iniciativa, a invenção, a energia individual; e cada um dos elementos de que ela precisa: a associação de capitais, a abundância de trabalho, a educação técnica dos operários, a confiança no futuro. No Brasil, a indústria agrícola é a única que tem florescido em mãos de nacionais. O comércio só tem prosperado nas de estrangeiros. Mesmo assim, veja-se qual é o estado da lavoura, como adiante o descrevo. Está, pois, singularmente retardado em nosso país o período industrial, no qual vamos apenas agora entrando. O grande comércio nacional não dispõe de capitais comparáveis aos do comércio estrangeiro, tanto de exportação como de importação, ao passo que o comércio a retalho, em toda a sua porção florescente, com vida própria, por assim dizer consolidada, é praticamente monopólio de estrangeiros. Esse fato provocou, por diversas vezes em nossa história, manifestações populares, com a bandeira da nacionalização do comércio a retalho. Mas tal grito caracteriza o espírito de exclusivismo e ódio à concorrência, por mais legítima que seja, em quem a escravidão educou o nosso povo, e, em mais de um lugar, foi acompanhado de sublevações do mesmo espírito atuando em outra direção, isto é, do fanatismo religioso. Não sabiam os que sustentavam aquele programa do fechamento dos portos do Brasil, e da anulação de todo o progresso que temos feito desde 1808, que, se tirassem o comércio a retalho aos estrangeiros, não o passariam para os nacionais, mas simplesmente o reduziriam a uma carestia de gêneros permanente – porque é a escravidão, e não a nacionalidade, que impede o comércio a retalho de ser em grande parte brasileiro.

Em relação ao comércio, a escravidão procede desta forma: fecha-lhe, por desconfiança e rotina, o interior, isto é, tudo o que não é a capital da província; exceto em Santos e Campinas, em São Paulo; Petrópolis e Campos, no Rio de Janeiro; Pelotas, no Rio Grande do Sul; e alguma outra cidade mais, não há casas de negócio senão nas capitais, onde se encontre mais do que um pequeno fornecimento de artigos necessários à vida, esses mesmos ou grosseiros ou falsificados. Assim como nada se vê que revele o progresso intelectual dos habitantes – nem livrarias, nem jornais – não se encontra o comércio, senão na antiga forma rudimentar, indivisa ainda, da venda-bazar. Por isso, o que não vai diretamente da corte, como encomenda, só chega ao consumidor pelo mascate, cuja história é a da civilização do nosso interior todo, e que, de fato, é o *pioneer* do comércio, e representa os limites em que a escravidão é compatível com a permuta local. O comércio, entretanto, é o manancial da escravidão, e o seu banqueiro. Na geração passada, em toda a parte, ele a alimentou de africanos *boçais* ou *ladinos;* muitas das propriedades agrícolas caíram em mãos de fornecedores de escravos; as fortunas realizadas pelo tráfico (para o qual a moeda falsa teve por vezes grande afinidade) foram, na parte não exportada, nem convertida em pedra e cal, empregadas em auxiliar a lavoura pela usura. Na atual geração o vínculo entre o comércio e a escravidão não é assim desonroso para aquele; mas a dependência mútua continua a ser a mesma. Os principais fregueses do comércio são proprietários de escravos, exatamente como os *líderes* da classe; o café é sempre rei nas praças do Rio e de Santos, e o comércio, faltando a indústria e o trabalho livre, não pode servir senão para agente da escravidão, comprando-lhe tudo o que ela oferece e vendendo-lhe tudo de que ela precisa. Por isso, também, no Brasil ele não se desenvolve, não abre horizontes ao país; mas é uma força inativa, sem estímulos, e cônscia de que é, apenas, um prolongamento da escravidão, ou antes o mecanismo pelo qual a carne humana é convertida em ouro e circula, dentro e fora do país, sob a forma de letras de câmbio. Ele sabe que, se a escravidão o receia, como receia todos os condutores do progresso, seja este a loja do negociante, a estação da estrada de ferro, ou a escola primária, também precisa dele, como por certo não precisa, nem quer saber, desta última, e trata de viver com ele nos melhores termos possíveis. Mas, com a escravidão, o comércio será sempre o servo de uma classe, sem a independência de um agente nacional; ele nunca há de florescer, num regime que não lhe consente entrar em relações diretas com os consumidores, e não eleva a população do interior a essa categoria.

Das classes que esse sistema fez crescer artificialmente, a mais numerosa é a dos empregados públicos. A estreita relação entre a escravidão e a epidemia do funcionalismo não pode ser mais contestada que a relação entre ela e a superstição do Estado-providência. Assim como, nesse regime, tudo se espera do Estado, que, sendo a única associação ativa, aspira e absorve pelo imposto e pelo empréstimo todo o capital disponível e distribui-o, entre os seus clientes, pelo emprego público, sugando as economias do pobre pelo curso forçado, e tornando precária a fortuna do rico; assim também, como consequência, o funcionalismo é a profissão nobre e a vocação de todos. Tomem-se, ao acaso, vinte ou trinta brasileiros em qualquer lugar onde se reúna a nossa sociedade mais culta: todos eles ou foram ou são, ou hão de ser, empregados públicos; se não eles, seus filhos.

O funcionalismo é, como já vimos, o asilo dos descendentes das antigas famílias ricas e fidalgas que desbarataram as fortunas realizadas pela escravidão, fortunas a respeito das quais pode-se dizer, em regra, como se diz das fortunas feitas no jogo, que não medram nem dão felicidade. É além disso o viveiro político, porque abriga todos os pobres inteligentes, todos os que têm ambição e capacidade, mas não têm meios, e que são a grande maioria dos nossos homens de merecimento. Faça-se uma lista dos nossos estadistas pobres, de primeira e segunda ordem, que resolveram o seu problema individual pelo casamento rico, isto é, na maior parte dos casos, tornando-se humildes clientes da escravidão; e outra dos que o resolveram pela acumulação de cargos públicos, e ter-se-ão, nessas duas listas, os nomes de quase todos eles. Isso significa que o país está fechado em todas as direções; que muitas avenidas que poderiam oferecer um meio de vida a homens de talento, mas sem qualidades mercantis, como a literatura, a ciência, a imprensa, o magistério, não passam ainda de vielas, e outras, em que homens práticos, de tendências industriais, poderiam prosperar, são por falta de crédito, ou pela estreiteza do comércio, ou pela estrutura rudimentar da nossa vida econômica, outras tantas portas muradas.

Nessas condições oferecem-se ao brasileiro que começa diversos caminhos, os quais conduzem todos ao emprego público. As profissões chamadas independentes, mas que dependem em grande escala do favor da escravidão; como a advocacia, a medicina, a engenharia, têm pontos de contato importantes com o funcionalismo, como sejam os cargos políticos, as academias, as obras públicas. Além desses, que recolhem por assim dizer as migalhas do orçamento, há outros, negociantes, capitalistas, indivíduos inclassificáveis, que querem contratos, subvenções do Estado, garantias de juro, empreitadas de obras, fornecimentos públicos.

A classe dos que assim vivem com os olhos voltados para a munificência do governo é extremamente numerosa, e diretamente filha da escravidão, porque ela não consente outra carreira aos brasileiros, havendo abarcado a terra, degradado o trabalho, corrompido o sentimento de altivez pessoal em desprezo por quem trabalha em posição inferior a outro, ou não faz trabalhar. Como a necessidade é irresistível, essa fome de emprego público determina uma progressão constante do nosso orçamento, que a nação, não podendo pagar com a sua renda, paga com o próprio capital necessário à sua subsistência, e que, mesmo assim, só é afinal equilibrado por novas dívidas.

Além de ser artificial e prematuro, o atual desenvolvimento da classe dos remunerados pelo Tesouro, sendo, como é, a cifra da despesa nacional, superior às nossas forças, a escravidão, fechando todas as outras avenidas, como vimos, da indústria, do comércio, da ciência, das letras, criou em torno desse exército ativo uma reserva de pretendentes, cujo número realmente não se pode contar, e que, com exceção dos que estão consumindo, ociosamente, as fortunas que herdaram e dos que estão explorando a escravidão com a alma do proprietário de homens, pode calcular-se, quase exatamente, pelo recenseamento dos que sabem ler e escrever. Num tempo em que o servilismo e a adulação são a escada pela qual se sobe, e a independência e o caráter a escada pela qual se desce; em que a inveja é uma paixão dominante; em que não há outras regras de promoção, nem provas de suficiência, senão o empenho e o patronato; quando ninguém, que não se faça lembrar, é chamado para coisa alguma, e a injustiça é ressentida apenas pelo próprio ofendido: os empregados públicos são os servos da gleba do governo, vivem com suas famílias em terras do Estado, sujeitos a uma evicção sem aviso, que equivale à fome, numa dependência da qual só para os fortes não resulta a quebra do caráter. Em cada um dos sintomas característicos da séria hipertrofia do funcionalismo, como ela se apresenta no Brasil, quem tenha estudado a escravidão reconhece logo um dos seus efeitos. Podemos nós, porém, ter a consolação de que abatendo as diversas profissões, reduzindo a nação ao proletariado, a escravidão todavia conseguiu fazer dos senhores, da *lavoura,* uma classe superior, pelo menos rica, e, mais do que isso, educada, patriótica, digna de representar o país intelectual e moralmente?

Quanto à riqueza, já vimos que a escravidão arruinou uma geração de agricultores, que ela mesma substituiu pelos que lhes forneciam os escravos. De 1853 a 1857, quando se deviam estar liquidando as obrigações do tráfico, a dívida hipotecária da corte e Província do Rio de Janeiro subia a 67 mil contos. A atual geração não tem sido mais feliz. Grande parte dos seus lucros foram convertidos em carne humana, a alto preço, e, se hoje uma epidemia devastasse os cafezeiros, o capital que a lavoura toda do Império poderia apurar para novas culturas havia de espantar os que a reputam florescente. Além disso, há quinze anos que não se fala senão em *auxílios à lavoura.* Tem a data de 1868 um opúsculo do Sr. Quintino Bocaiúva, *A crise da lavoura,* em que esse notável jornalista escrevia:

A lavoura não se pode restaurar senão pelo efeito simultâneo de dois socorros que não podem ser mais demorados – o da instituição do crédito agrícola e o da aquisição de braços produtores.

O primeiro socorro era "uma vasta emissão" sobre a propriedade predial do Império, que assim seria convertida em moeda corrente; o segundo era a colonização chinesa.

Há quinze anos que se nos descreve de todos os lados a lavoura como estando em *crise,* necessitada de *auxílios,* agonizante, em bancarrota próxima. O Estado é, todos os dias, denunciado por não fazer empréstimos e aumentar os impostos para habilitar os fazendeiros a comprar ainda mais escravos. Em 1875 uma lei, a de 6 de novembro, autorizou o governo a dar a garantia nacional ao banco estrangeiro – nenhum outro poderia emitir na Europa – que emprestasse dinheiro à lavoura mais barato do que o mercado monetário interno. Para terem fábricas centrais de açúcar, e melhorarem o seu produto, os senhores de engenho precisaram de que a nação as levantasse sob a sua responsabilidade. O mesmo tem-se pedido para o café. Assim como dinheiro a juro barato e engenhos centrais, a chamada *grande propriedade* exige fretes de estrada de ferro à sua conveniência, exposições oficiais de café, dispensa de todo e qualquer imposto direto, imigração asiática, e uma lei de locação de serviços que faça do colono, alemão, ou inglês, ou italiano, um escravo branco. Mesmo a população nacional tem que ser sujeita a um novo recrutamento agrícola[48], para satisfazer diversos *Clubes,* e, mais que tudo, o câmbio, por uma falência econômica, tem que ser conservado tão baixo quanto possível, para o café, que é pago em ouro, valer mais papel.

Também a horrível usura, de que é vítima a lavoura em diversas províncias, sobretudo no Norte, é a melhor prova do mau sistema que a escravidão fundou, e do qual dois característicos principais – a extravagância e o *provisório* – são incompatíveis com o crédito agrícola que ela reclama. "A taxa dos juros dos empréstimos à lavoura pelos seus correspondentes" é o extrato oficial das informações prestadas pelas presidências de província em 1874, "regula em algumas províncias de 7 a 17%; em outras sobe de 18 a 24%", e "há exemplo de se cobrar a de 48 e 72 anualmente!" Como não se pretende que a lavoura renda mais de 10%, e toda ela precisa de capitais a juro, essa taxa quer simplesmente dizer – a bancarrota. Não é, por certo, essa a classe que se pode descrever em estado próspero e florescente, e que se pode chamar rica.

Quanto às suas funções sociais, uma aristocracia territorial pode servir ao país de diversos modos: melhorando e desenvolvendo o bem-estar da população que a cerca e o aspecto do país em que estão encravados os seus estabelecimentos; tomando a direção do progresso nacional; cultivando, ou protegendo, as letras e as artes; servindo no exército e na armada, ou distinguindo-se nas diversas carreiras; encarnando o que há de bom no caráter nacional, ou as qualidades superiores do país, o que merece ser conservado como tradição. Já vimos o que a nossa lavoura conseguiu em cada um desses sentidos, quando notamos o que a escravidão administrada por ela há feito do território e do povo, dos senhores e dos escravos. Desde que a classe única, em proveito da qual ela foi criada e existe, não é a aristocracia do dinheiro, nem a do nascimento, nem a da inteligência, nem a do patriotismo, nem a da raça, que papel permanente desempenha no Estado uma aristocracia heterogênea e que nem mesmo mantém a sua identidade por duas gerações?

Se, das diversas classes, passarmos às forças sociais, vemos que a escravidão ou as apropriou aos seus interesses, quando transigentes, ou fez em torno delas o vácuo, quando inimigas, ou lhes impediu a formação, quando incompatíveis.

Entre as que se identificaram, desde o princípio, com ela, tornando-se um dos instrumentos das suas pretensões, está, por exemplo, a Igreja. No regime da escravidão doméstica o cristianismo cruzou-se com o fetichismo, como se cruzaram as duas raças. Pela influência da ama de leite e dos escravos de casa sobre a educação da criança, os terrores materialistas do fetichista convertido, isto é, que mudou de inferno, exercem, sobre a fortificação do cérebro e a coragem da alma daquelas, a maior depressão. O que resulta como fé e sistema religioso, dessa combinação das tradições africanas com o ideal antissocial do missionário fanático, é um composto de contradições, que só a inconsciência pode conciliar. Como a religião, a Igreja.

Nem os bispos, nem os vigários, nem os confessores estranham o mercado de entes humanos; as bulas que o condenam são hoje obsoletas. Dois dos nossos prelados foram sentenciados a prisão com trabalho, pela guerra que moveram à maçonaria; nenhum deles, porém, aceitou ainda a responsabilidade de descontentar a escravidão. Compreende-se que os exemplos dos profetas, penetrando no palácio dos reis de Judá para exprobrar-lhes os seus crimes, e os sofrimentos dos antigos mártires pela verdade moral, pareçam aos que representam a religião entre nós originalidades tão absurdas como a de São Simeão Estelita vivendo no tope de uma coluna para estar mais perto de Deus. Mas, se o regime da côngrua e dos emolumentos, mais do que isso, das honras oficiais e do bem-estar, não consente esses rasgos de heroísmo religioso, hoje próprios, tão somente, de um faquir do Himalaia, apesar desse resfriamento glacial de uma parte da alma de outrora incandescente, a escravidão e o Evangelho deviam mesmo hoje ter vergonha de se encontrarem na casa de Jesus e de terem o mesmo sacerdócio.

Nem quanto aos casamentos dos escravos, nem por sua educação moral, tem a Igreja feito coisa alguma. Os monges de São Bento forraram os seus escravos e isso produziu entre os panegiristas dos conventos uma explosão de entusiasmo. Quando mosteiros possuem rebanhos humanos, quem conhece a história das fundações monásticas, os votos dos noviços, o desinteresse das suas aspirações, a sua abnegação pelo mundo, só pode admirar-se de que esperem reconhecimento e gratidão por terem deixado de tratar homens como animais e de explorar mulheres como máquinas de produção.

Se em relação às pessoas livres mesmo – oficiou em 1864 ao governo o cura da freguesia do Sacramento da Corte – se observa o abandono, a indiferença atinge ao escândalo em relação aos escravos. Poucos senhores cuidam em proporcionar aos seus escravos em vida os socorros espirituais; raros são aqueles que cumprem com o caridoso dever de lhes dar os derradeiros sufrágios da Igreja.[49]

Grande número de padres possuem escravos, sem que o celibato clerical o proíba. Esse contato, ou antes contágio, da escravidão deu à religião, entre nós, o caráter materialista que ela tem, destruiu-lhe a face ideal, e tirou-lhe toda a possibilidade de desempenhar na vida social do país o papel de uma força consciente.

Tome-se outro elemento de conservação que também foi apropriado dessa forma, o patriotismo. O trabalho todo dos escravagistas consistiu sempre em identificar o Brasil com a escravidão. Quem a ataca é logo suspeito de conivência com o estrangeiro, de inimigo das instituições do seu próprio país. Antônio Carlos foi acusado nesse interesse de não ser brasileiro. Atacar a Monarquia, sendo o país monárquico, a religião sendo o país católico, é lícito a todos; atacar, porém, a escravidão, é traição nacional e felonia. Nos Estados Unidos, "a instituição particular" por tal forma criou em sua defesa essa confusão, entre si e o país, que pôde levantar uma bandeira sua contra a de Washington, e produzir, numa loucura transitória, um patriotismo separatista desde que se sentiu ameaçada de cair deixando a pátria de pé.

Mas, como todos os elementos morais que avassalou, a escravidão ao conquistar o patriotismo brasileiro fê-lo degenerar. A Guerra do Paraguai é a melhor prova do que ela fez do patriotismo das classes que a praticavam, e do patriotismo dos senhores. Muito poucos desses deixaram os seus escravos para atender ao seu país; muitos alforriaram alguns "negros" para serem eles feitos titulares do Império. Foi nas camadas mais necessitadas da população, descendentes de escravos na maior parte, nessas mesmas que a escravidão condena à dependência e à miséria, entre os proletários analfabetos cuja emancipação política ela adiou indefinidamente, que se sentiu bater o coração de uma nova pátria. Foram elas que produziram os soldados dos batalhões de voluntários. Com a escravidão, disse José Bonifácio em 1825, "nunca o Brasil formará, como imperiosamente o deve, um exército brioso e uma marinha florescente", e isso porque, com a escravidão, não há patriotismo nacional, mas somente patriotismo de casta, ou de raça; isto é, um sentimento que serve para unir todos os membros da sociedade, é explorado para o fim de dividi-los. Para que o patriotismo se purifique, é preciso que a imensa massa da população livre, mantida em estado de subserviência pela escravidão, atravesse, pelo sentimento da independência pessoal, pela convicção da sua força e do seu poder, o longo estádio que separa o simples nacional – que hipoteca tacitamente, por amor, a sua vida à defesa voluntária da integridade material e da soberania externa da pátria – do cidadão que quer ser uma unidade ativa e pensante na comunhão a que pertence.

Entre as forças em torno de cujo centro de ação o escravagismo fez o vácuo, por lhe serem contrárias, forças de progresso e transformação, está notavelmente a imprensa, não só o jornal, mas também o livro, tudo que diz respeito à educação. Por honra do nosso jornalismo, a imprensa tem sido a grande arma de combate contra a escravidão e o instrumento da propagação das ideias novas; os esforços tentados para a criação de um *órgão negro* naufragaram sempre. Ou se insinue timidamente, ou se afirme com energia, o pensamento dominante no jornalismo todo, do Norte ao Sul, é a emancipação. Mas, para fazer o vácuo em torno do jornal e do livro, e de tudo o que pudesse amadurecer antes; do tempo a consciência abolicionista, a escravidão por instinto procedeu repelindo a escola, a instrução pública, e mantendo o país na ignorância e escuridão, que é o meio em que ela pode prosperar. A senzala e a escola são polos que se repelem.

O que é a educação nacional num regime interessado na ignorância de todos, o seguinte trecho do notável parecer do Sr. Rui Barbosa, relator da Comissão de Instrução Pública da Câmara dos Deputados, o mostra bem:

> A verdade – e a vossa comissão quer ser muito explícita a seu respeito, desagrade a quem desagradar – é que o ensino público está à orla do limite possível a uma nação que se presume livre e civilizada; é que há decadência em vez de progresso; é que somos um povo de analfabetos, e que a massa deles, se decresce, é numa proporção desesperadamente lenta; é que a instrução acadêmica está infinitamente longe do nível científico desta idade; é que a instrução secundária oferece ao ensino superior uma mocidade cada vez menos preparada para o receber, é que a instrução popular, na corte como nas províncias, não passa de um *desiderato*.

Aí está o efeito, sem aparecer a causa, como em todos os inúmeros casos em que os efeitos da escravidão são apontados entre nós. Um lavrador fluminense, por exemplo, o Sr. Pais Leme, foi em 1876 aos Estados Unidos comissionado pelo nosso governo. Escreveu relatórios sobre o que viu e observou na América do Norte, pronunciou discursos na Assembleia Provincial do Rio de

Janeiro, que são ainda o resultado daquela viagem, e nunca lhe ocorreu, nos diferentes paralelos que fez entre o estado do Brasil e o da grande República, atribuir à escravidão uma parte sequer do nosso atraso. O mesmo dá-se com toda a literatura política, liberal ou republicana, em que um fator da ordem da escravidão figura como um órgão rudimentar e inerte.

Entre as forças cuja aparição ela impediu está a opinião pública, a consciência de um destino nacional. Não há, com a escravidão, essa força poderosa chamada opinião pública, ao mesmo tempo alavanca e o ponto de apoio das individualidades que representam o que há de mais adiantado no país. A escravidão, como é incompatível com a imigração espontânea, também não consente o influxo das ideias novas. Incapaz de invenção, ela é, igualmente, refratária ao progresso. Não é dessa opinião pública que sustentou os negreiros contra os Andradas, isto é, da soma dos interesses coligados que se trata, porque essa é uma força bruta e inconsciente como a do número por si só. Duzentos piratas valem tanto quanto um pirata, e não ficarão valendo mais se os cercarem da população toda que eles enriquecem e da que eles devastam. A opinião pública, de que falo, é propriamente a consciência nacional, esclarecida, moralizada, honesta e patriótica; essa é impossível com a escravidão, e, desde que apareça, esta trata de destruí-la.

É por não haver entre nós essa força de transformação social que a política é a triste e degradante luta por ordenados, que nós presenciamos; nenhum homem vale nada, porque nenhum é sustentado pelo país. O presidente do Conselho vive à mercê da coroa, de quem deriva a sua força, e só tem aparência de poder quando se o julga um lugar-tenente do imperador e se acredita que ele tem no bolso o decreto de dissolução, isto é, o direito de eleger uma câmara de apaniguados seus. Os ministros vivem logo abaixo, à mercê do presidente do Conselho, e os deputados no terceiro plano, à mercê dos ministros. O sistema representativo é, assim, um enxerto de formas parlamentares num governo patriarcal, e senadores e deputados só tomam a sério o papel que lhes cabe nessa paródia da democracia pelas vantagens que auferem. Suprima-se o subsídio e forcem-nos a não se servirem da sua posição para fins pessoais e de família, e nenhum homem que tenha o que fazer se prestará a perder o seu tempo em tais *skiamaxiai,* em combates com sombras, para tomar uma comparação de Cícero.

Ministros, sem apoio na opinião, que ao serem despedidos caem no vácuo; presidentes do Conselho que vivem, noite e dia, a perscrutar o pensamento esotérico do imperador; uma câmara cônscia da sua nulidade e que só pede tolerância; um Senado, que se reduz a ser um pritaneu; partidos que são apenas sociedades cooperativas de colocação ou de seguro contra a miséria. Todas essas aparências de um governo livre são preservadas por orgulho nacional, como foi a dignidade consular no Império Romano; mas, no fundo, o que temos é um governo de uma simplicidade primitiva, em que as responsabilidades se dividem ao infinito, e o poder está concentrado nas mãos de um só. Este é o chefe do Estado. Quando alguém parece ter força própria, autoridade efetiva, prestígio individual, é porque lhe acontece, nesse momento, estar exposto à luz do trono: desde que der um passo, ou à direita ou à esquerda, e sair daquela réstia, ninguém mais o divisará no escuro.

Foi a isso que a escravidão, como causa infalível de corrupção social, e pelo seu terrível contágio, reduziu a nossa política. O povo como que sente um prazer cruel em escolher o pior, isto é, em rebaixar-se a si mesmo, por ter consciência de que é uma multidão heterogênea, sem disciplina a que se sujeite, sem fim que se proponha. A municipalidade da corte, do centro da vida atual da nação toda, foi sempre eleita por esse princípio. Os *capangas* no interior, e nas cidades os *capoeiras,* que também têm a sua flor, fizeram até ontem das nossas eleições o jubileu do crime.

A faca de ponta e a navalha, exceto quando a baioneta usurpava essas funções, tinham sempre a maioria nas urnas. Com a eleição direta, tudo isso desapareceu na perturbação do primeiro momento, porque houve um ministro de vontade, que disse aspirar à honra de ser derrotado nas eleições. O Sr. Saraiva, porém, já foi canonizado pela sua abnegação; já tivemos bastantes ministros-mártires para formar o hagiológio da reforma, e ficou provado que nem mesmo é preciso a candidatura oficial para eleger câmaras governistas. A máquina eleitoral é automática, e, por mais que mudem a lei, o resultado há de ser o mesmo. O *capoeira* conhece o seu valor, sabe que não passam tão depressa como se acredita os dias de Clódio, e em breve a eleição direta será o que foi a indireta: a mesma orgia desenfreada a que nenhum homem decente deverá, sequer, assistir.

Autônomo, só há um poder, entre nós, o poder irresponsável; só esse tem certeza do dia seguinte; só esse representa a permanência da tradição nacional. Os ministros não são mais que as encarnações secundárias, e às vezes grotescas, dessa entidade superior. Olhando em torno de si, o imperador não encontra uma só individualidade que limite a sua, uma vontade, individual ou coletiva, a que ele se deva sujeitar: nesse sentido ele é absoluto como o czar e o sultão, ainda que se veja no centro de um governo moderno e provido de todos os órgãos superiores, como o Parlamento, que não tem a Rússia nem a Turquia, a supremacia parlamentar, que não tem a Alemanha, a liberdade absoluta da imprensa, que muito poucos países conhecem. Quer isso dizer, em vez de soberano absoluto, o imperador deve antes ser chamado o primeiro-ministro permanente do Brasil. Ele não comparece perante as câmaras, deixa grande latitude, sobretudo em matéria de finanças e legislação, ao gabinete; mas nem um só dia perde de vista a marcha da administração, nem deixa de ser o árbitro dos seus ministros.

Esse chamado *governo pessoal* é explicado pela teoria absurda de que o imperador corrompeu um povo inteiro; desmoralizou por meio de tentações supremas, à moda de satanás, a honestidade dos nossos políticos; desvirtuou, intencionalmente, partidos que nunca tiveram ideias e princípios, senão como capital de exploração. A verdade é que esse governo é o resultado, imediato, da prática da escravidão pelo país. Um povo que se habitua a ela não dá valor à liberdade, nem aprende a governar-se a si mesmo. Daí a abdicação geral das funções cívicas, o indiferentismo político, o desamor pelo exercício obscuro e anônimo da responsabilidade pessoal, sem a qual nenhum povo é livre, porque um povo livre é somente um agregado de unidades livres: causas que deram em resultado a supremacia do elemento permanente e perpétuo, isto é, a Monarquia. O imperador não tem culpa, exceto, talvez, por não ter reagido contra essa abdicação nacional, de ser tão poderoso como é, tão poderoso que nenhuma delegação da sua autoridade, atualmente, conseguiria criar no país uma força maior que a coroa.

Mas, por isso mesmo, Dom Pedro II será julgado pela história como o principal responsável pelo seu longo reinado; tendo sido o seu próprio valido durante quarenta e três anos, ele nunca admitiu presidentes do Conselho superiores à sua influência e, de fato, nunca deixou o leme (com relação a certos homens que ocuparam aquela posição, foi talvez melhor para eles mesmos e para o país, o serem objetos desse *liberum veto).* Não é assim, como soberano constitucional, que o futuro há de considerar o imperador, mas como estadista; ele é um Luís Filipe, e não uma Rainha Vitória – e ao estadista hão de ser tomadas estreitas contas da existência da escravidão, ilegal e criminosa, depois de um reinado de quase meio século. O Brasil despendeu mais de seiscentos mil contos em uma guerra politicamente desastrosa, e só tem despendido, até hoje, nove mil contos em emancipar os seus escravos: tem um orçamento seis vezes apenas menor do que a Inglaterra, e desse orçamento menos de 1% é empregado em promover a emancipação.

Qualquer, porém, que seja, quanto à escravidão, a responsabilidade pessoal do imperador, não há dúvida que a soma de poder que foi acrescendo à sua prerrogativa foi uma aluvião devida àquela causa perene. No meio da dispersão das energias individuais e das rivalidades dos que podiam servir à pátria, levanta-se, dominando as tendas dos agiotas políticos e os antros dos gladiadores eleitorais, que cercam o nosso *forum*, a estátua do imperador, símbolo do único poder nacional independente e forte.

Mas, em toda essa dissolução social, na qual impera o mais ávido materialismo, e os homens de bem e patriotas estão descrentes de tudo e de todos, quem não vê a forma colossal da raça maldita, sacudindo os ferros dos seus pulsos, espalhando sobre o país as gotas do seu sangue? Essa é a vingança da raça negra. Não importa que tantos dos seus filhos espúrios tenham exercido sobre irmãos o mesmo jugo, e se tenham associado como cúmplices aos destinos da instituição homicida, a escravidão na América é sempre o crime da raça branca, elemento predominante da civilização nacional, e esse miserável estado, a que se vê reduzida a sociedade brasileira, não é senão o cortejo da Nêmesis africana que visita, por fim, o túmulo de tantas gerações.

XVI

NECESSIDADE DA ABOLIÇÃO.
PERIGO DA DEMORA

"Se os seus [do Brasil] dotes morais e intelectuais crescerem em harmonia com a sua admirável beleza e riqueza natural, o mundo não terá visto uma terra mais bela. Atualmente há diversos obstáculos a este progresso; obstáculos que atuam como uma doença moral sobre o seu povo. A escravidão ainda existe no meio dele."

Agassiz

Mas, dir-se-á, se a escravidão é, como acabamos de ver, uma influência que afeta todas as classes; o molde em que se está fundindo, há séculos, a população toda: em primeiro lugar, que força existe fora dela que possa destruí-la tão depressa como quereis sem, ao mesmo tempo, dissolver a sociedade que é, segundo vimos, um composto de elementos heterogêneos do qual ela é a afinidade química? Em segundo lugar, tratando-se de um interesse de tamanha importância, de que dependem tão avultado número de pessoas e a produção nacional – a qual sustenta a fábrica e o estabelecimento do Estado, por mais artificiais que proveis serem as suas proporções atuais – e quando não contestais, nem podeis contestar, que a escravidão esteja condenada a desaparecer num período que pelo progresso moral contínuo do país nunca poderá exceder de vinte anos; por que não esperais que o fim de uma instituição, que já durou em vosso país mais de trezentos anos, se consuma naturalmente, sem sacrifício da fortuna pública nem das fortunas privadas, sem antagonismo de raças ou classes, sem uma só das ruínas que em outros países acompanharam a emancipação forçada dos escravos?

Deixo para o seguinte capítulo a resposta à primeira questão. Aí mostrarei que, apesar de toda a influência retardativa da escravidão, há dentro do país forças morais capazes de suprimi-la como posse de homens, assim como não há, por enquanto – e a primeira necessidade do país é criá-las –, forças capazes de eliminá-la como principal elemento da nossa constituição. Neste capítulo, respondo tão somente à objeção, politicamente falando formidável, de impaciência, de cegueira para os interesses da classe dos proprietários de escravos, tão brasileiros pelo menos como estes, para as dificuldades econômicas de um problema – a saber, se a escravidão deve continuar indefinidamente – que, no ponto de vista humanitário ou patriótico, o Brasil todo já resolveu pela mais solene e convencida afirmativa.

Essas impugnações têm tanto mais peso, para mim, quanto – e por todo este livro se terá visto – eu não acredito que a escravidão deixe de atuar, como até hoje, sobre o nosso país quando os escravos forem todos emancipados. A lista de subscrição, que resulta na soma necessária para a alforria de um escravo, dá um *cidadão* mais ao rol dos brasileiros; mas é preciso muito mais do que as esmolas dos compassivos, ou a generosidade do senhor, para fazer desse novo cidadão uma unidade, digna de concorrer, ainda mesmo infinitesimalmente, para a formação de uma nacionalidade americana. Da mesma forma com o senhor. Ele pode alforriar os seus escravos, com sacrifício dos seus interesses materiais, ainda que sempre em benefício da educação dos seus filhos, quebrando assim o último vínculo aparente, ou de que tenha consciência, das relações em que se achava para com a escravidão; mas, somente por isso, o espírito desta não deixará de incapacitá-lo para cidadão de um país livre, e para exercer as virtudes que tornam as nações mais poderosas pela liberdade individual do que pelo despotismo.

Em um e outro caso é preciso mais do que a cessação do sofrimento, ou da inflição do cativeiro, para converter o escravo e o senhor em homens animados do espírito de tolerância, de adesão aos princípios de justiça, quando mesmo sejam contra nós, de progresso e de subordinação individual aos interesses da pátria, sem os quais nenhuma sociedade nacional existe senão no grau de molusco, isto é, sem vértebras nem individualização.

Os que olham para os três séculos e meio de escravidão que temos no passado e medem o largo período necessário para apagar-lhe os últimos vestígios não consideram, pelo menos à primeira vista, de comprimento intolerável o espaço de vinte ou trinta anos que ainda lhe reste do usufruto. Abstraindo da sorte individual dos escravos e tendo em vista tão somente o interesse geral da comunhão não se deve, com efeito, exigir que atendamos ao interesse particular dos proprietários, que são uma classe social muito menos numerosa do que os escravos, mais do que ao interesse dos escravos somado com o interesse da nação toda – não será o prazo de vinte anos curto bastante para que não procuremos ainda abreviá-lo mais, comprometendo o que, de outra forma, se salvaria?

"Vós dizeis que sois políticos" – acrescentarei completando o argumento sério e refletido de homens tão inimigos como eu da escravidão, mas que se recusam a desmoroná-la de uma só vez, supondo que esse, a não ser o papel de um Erostrato, seria o de um Sansão inconsciente –, "dizeis que não encarais a escravidão principalmente do ponto de vista do escravo, ainda que tenhais feito causa comum com ele para melhor moverdes a generosidade do país; mas, sim do ponto de vista nacional, considerando que a pátria deve proteção igual a todos os seus filhos e não pode enjeitar nenhum. Pois bem, como homens políticos, que entregais a vossa defesa ao futuro, e estais prontos a provar que não quereis destruir ou empecer o progresso do país, nem desorganizar o trabalho, ainda mesmo por sentimentos de justiça e humanidade, não vos parece que cumpriríeis melhor o vosso dever para com os escravos, para com os senhores – os quais têm pelo menos direito à vossa indulgência pelas relações que o próprio abolicionismo, de uma forma ou outra, pela hereditariedade nacional comum, tem com a escravidão – e finalmente para com a nação toda, se em vez de propordes medidas legislativas que irritam os senhores e que não serão adotadas, estes não querendo; em vez de quererdes proteger os escravos pela justiça pública e arrancá-los do poder dos seus donos; começásseis por verificar até onde e de que forma estes, pelo menos na sua porção sensata e, politicamente falando, pensante, estão dispostos a concorrer para a obra que hoje é confessadamente nacional – da emancipação? Não seríeis mais políticos, oportunistas e práticos, e, portanto, muito mais úteis aos próprios escravos, se em vez de vos inutilizardes como propagandistas e agitadores, correndo o risco de despertar, o que não quereis por certo, entre escravos e senhores, entre senhores e abolicionistas, sentimentos contrários à harmonia das diversas classes – que mesmo na escravidão é um dos títulos de honra do nosso país – vos associásseis, como brasileiros, à obra pacífica da liquidação desse regime?"

Cada uma dessas observações, e muitas outras semelhantes, eu as discuti seriamente comigo mesmo, antes de queimar os meus navios, e cheguei, de boa-fé e contra mim próprio, à convicção de que deixar à escravidão o prazo de vida que ela tem pela lei de 28 de setembro, seria abandonar o Brasil todo à contingência das mais terríveis catástrofes; e, por outro lado, de que nada se havia de conseguir para limitar de modo sensível aquele prazo senão pela agitação abolicionista, isto é, procurando-se concentrar a atenção do país no que tem de horrível, injusto e fatal ao seu desenvolvimento, uma instituição com a qual ele se familiarizou e confundiu, a ponto de não poder mais vê-la objetivamente.

Há três anos que o país está sendo agitado, como nunca havia sido antes, em nome da abolição, e os resultados dessa propaganda ativa e patriótica têm sido tais que hoje ninguém mais dá à escravatura a duração que ela prometia ter quando, em 1878, o Sr. Sinimbu reuniu o Congresso Agrícola, essa Arca de Noé em que devia salvar-se a "grande propriedade".

Pela lei de 28 de setembro de 1871, a escravidão tem por limite a vida do escravo nascido na véspera da lei. Mas essas águas mesmas não estão ainda estagnadas, porque a fonte do nascimento não foi cortada, e todos os anos as mulheres escravas dão milhares de *escravos por vinte e um anos* aos seus senhores. Por uma ficção de direito, eles nascem *livres*, mas, de fato, valem por lei *aos oito anos de idade* 600$ cada um. A escrava nascida a 27 de setembro de 1871 pode ser mãe em 1911 de um desses *ingênuos*, que assim ficaria em cativeiro provisório até 1932. Essa é a lei, e o período de escravidão que ela ainda permite.

O ilustre homem de Estado que a fez votar, se hoje fosse vivo, seria o primeiro a reconhecer que esse horizonte de meio século aberto ainda à propriedade escrava é um absurdo, e nunca foi o pensamento íntimo do legislador. O Visconde do Rio Branco, antes de morrer, havia já recolhido como sua recompensa a melhor parte do reconhecimento dos escravos: a gratidão das mães. Esse é um hino à sua memória que a posteridade nacional há de ouvir, desprendendo-se como uma nota suave e límpida do delírio de lágrimas e soluços do vasto coro trágico. Mas por isso mesmo que o Visconde do Rio Branco foi o autor daquela lei, ele seria o primeiro a reconhecer que, pela deslocação de forças sociais produzida há treze anos e pela velocidade ultimamente adquirida, depois do torpor de um decênio, pela ideia abolicionista, a lei de 1871 já deverá ser obsoleta. O que nós fizemos em 1871 foi o que a Espanha fez em 1870; a nossa Lei Rio Branco de 28 de setembro daquele ano é a Lei Moret espanhola de 4 de julho deste último; mas, depois disso, a Espanha já teve outra lei

– a de 13 de fevereiro de 1880 – que aboliu a escravidão, desde logo nominalmente, convertendo os escravos em *patrocinados,* mas de fato depois de oito anos decorridos, ao passo que nós estamos ainda na primeira lei.

Pela ação do nosso atual direito, o que a escravatura perde por um lado adquire por outro. Ninguém tem a loucura de supor que o Brasil possa guardar a escravidão por mais vinte anos, qualquer que seja a lei; portanto o serem os *ingênuos* escravos por vinte e um anos, e não por toda a vida, não altera o problema que temos diante de nós: a necessidade de resgatar do cativeiro um milhão e meio de pessoas.

Comentando, este ano, a redução pela mortalidade e pela alforria da população escrava desde 1873, escreve o *Jornal do Comércio:*

> Dado que naquela data hajam sido matriculados em todo o Império quinhentos mil escravos, algarismo muito presumível, é lícito estimar que a população escrava do Brasil, assim como diminuiu de uma sexta parte no Rio de Janeiro, haja diminuído no resto do Império em proporção pelo menos igual, donde a existência presumível de 1.250.000 escravos. Este número pode entretanto descer por estimativa a 1.200.000 escravos, atentas às causas que têm atuado em vários pontos do Império para maior proporcionalidade nas alforrias.

A esses é preciso somar os *ingênuos,* cujo número excede de 250 mil. Admitindo-se que desse um milhão e meio de pessoas, que hoje existem, sujeitas à servidão, sessenta mil saiam dela anualmente, isto é, o dobro da média do decênio, a escravidão terá desaparecido, com um grande remanescente de *ingênuos,* é certo, a liquidar, em vinte e cinco anos, isto é, em 1908. Admito mesmo que a escravidão desapareça dora em diante à razão de

75 mil pessoas por ano, ou 5% da massa total, isto é, com uma velocidade duas vezes e meia maior do que a atual. Por este cálculo a instituição ter-se-á liquidado em 1903, ou dentro de vinte anos. Esse cálculo é otimista, e feito sem contar com a lei, mas por honra dos bons impulsos nacionais eu o aceito como exato.

"Por que não esperais esses vinte anos?", é a pergunta que nos fazem.[50]

Este livro todo é uma resposta àquela pergunta. Vinte anos mais de escravidão, é a morte do país. Esse período é com efeito curto na história nacional, como por sua vez a história nacional é um momento na vida da humanidade, e esta um instante na da terra, e assim por diante: mas vinte anos de escravidão quer dizer a ruína de duas gerações mais: a que há pouco entrou na vida civil, e a que for educada por essa. Isto é o adiamento por meio século da consciência livre do país.[51]

Vinte anos de escravidão quer dizer o Brasil celebrando, em 1892, o quarto centenário do descobrimento da América, com a sua bandeira coberta de crepe! A ser assim, toda a atual mocidade estaria condenada a viver com a escravidão, a servi-la durante a melhor parte da vida, a manter um exército, e uma magistratura para torná-la obrigatória, e, pior talvez do que isso, a ver as crianças, que hão de tomar os seus lugares dentro de vinte anos, educadas na mesma escola que ela. *Maxima debetur puero reverentia* é um princípio de que a escravidão escarneceria vendo-o aplicado a simples *crias;* mas ele deve ter alguma influência aplicado aos próprios filhos do senhor.

Vinte anos de escravidão, por outro lado, quer dizer durante todo esse tempo o nome do Brasil inquinado, unido com o da Turquia, arrastado pela lama da Europa e da América, objeto de irrisão na Ásia de tradições imemoriais, e na Oceania, três séculos mais jovem do que nós. Como há de uma nação, assim atada ao pelourinho do mundo, dar ao seu exército e à sua marinha, que amanhã podem talvez ser empregados em dominar uma insurreição de escravos, virtudes viris e militares, inspirar-lhes o respeito da pátria? Como pode ela, igualmente, competir, ao fim desse prazo de enervação, com as nações menores que estão crescendo ao lado, a República Argentina à razão de quarenta mil imigrantes espontâneos e trabalhadores por ano, e o Chile homogeneamente pelo trabalho livre, com todo o seu organismo sadio e forte? Manter, por esse período todo, a escravidão como instituição nacional equivale a dar mais vinte anos para que exerça toda a sua influência mortal à crença de que o Brasil precisa da escravidão para existir: isso quando o Norte, que era considerado a parte do território que não poderia dispensar o braço escravo, está vivendo sem ele, e a escravidão floresce apenas em São Paulo que pode pelo seu clima atrair o colono europeu, e com o seu capital pagar o salário do trabalho que empregue, nacional ou estrangeiro.

Estude-se a ação sobre o caráter e a índole do povo de uma lei do alcance e da generalidade da escravidão; veja-se o que é o Estado entre nós, poder coletivo que representa apenas os interesses de uma pequena minoria e, por isso, envolve-se e intervém em tudo o que é da esfera individual, como a proteção à indústria, o emprego da reserva particular, e, por outro lado, abstém-se de tudo o que é da sua esfera, como a proteção à vida e segurança individual, a garantia da liberdade dos contratos: por fim, prolongue-se pela imaginação por um tão longo prazo a situação atual das instituições minadas pela anarquia e apenas sustentadas pelo servilismo, com que a escravidão substitui, ao liquidar-se respectivamente, o espírito de liberdade e o de ordem, e diga o brasileiro que ama a sua pátria se podemos continuar por mais vinte anos com esse regime corruptor e dissolvente.

Se esperar vinte anos quisesse dizer preparar a transição por meio da educação do escravo; desenvolver o espírito de cooperação; promover indústrias; melhorar a sorte dos servos da gleba; repartir com eles a terra que cultivam na forma desse nobre testamento da Condessa do Rio Novo; suspender a venda e a compra de homens; abolir os castigos corporais e a perseguição privada; fazer nascer a família, respeitada, apesar da sua condição, honrada em sua pobreza; importar colonos europeus: o adiamento seria por certo um progresso; mas tudo isso é incompatível com a escravidão no seu declínio, na sua bancarrota, porque tudo isso significaria aumento de despesa, e ela só aspira a reduzir o custo das máquinas humanas de que se serve e a dobrar-lhes o trabalho.

Dar dez, quinze, vinte anos ao agricultor para preparar-se para o trabalho livre, isto é, condená-lo à previsão com tanta antecedência, encarregá-lo de elaborar uma mudança, é desconhecer a tendência nacional de deixar para o dia seguinte o que se deve fazer na véspera. Não é prolongando os dias da escravidão que se há de modificar essa aversão à previdência, mas sim destruindo-a, isto é, criando a necessidade, que é o verdadeiro molde do caráter.

Tudo o mais reduz-se a sacrificar um milhão e meio de pessoas ao interesse privado dos seus proprietários, interesse que vimos ser moralmente e fisicamente homicida, por maior que seja a inconsciência desses dois predicados, por parte de quem o explora. Em outras palavras, para que alguns milhares de indivíduos não fiquem arruinados, para que essa ruína não se consuma, eles precisam, não somente de trabalho, certo e permanente, que o salário lhes pode achar, mas também de que a sua propriedade humana continue a ser permutável, isto é, a ter valor na carteira dos bancos e desconto nas praças do comércio. Um milhão e meio de pessoas têm que ser oferecidas ao Minotauro da escravidão, e nós temos que alimentá-lo durante vinte anos mais, com o sangue das nossas novas gerações. Pior ainda do que isso, dez milhões de brasileiros, que, nesse decurso de tempo, talvez cheguem a ser catorze, continuarão a suportar os prejuízos efetivos e os lucros cessantes que a escravidão lhes impõe, e vítimas do mesmo espírito retardatário que impede o desenvolvimento do país, a elevação das diversas classes, e conserva a população livre do interior em andrajos, e, mais triste do que isso, indiferente à sua própria condição moral e social. Que interesse ou compaixão podem inspirar ao mundo dez milhões de homens que confessam que, faltando-lhes o trabalho forçado e gratuito de poucas centenas de milhares de escravos agrícolas, entre eles velhos, mulheres e crianças, se deixarão morrer de fome no mais belo, rico e fértil território que até hoje nação alguma possuiu? Essa mesma atonia do instinto da conservação pessoal e da energia que ele demanda não estará mostrando a imperiosa necessidade de abolir a escravidão sem perda de um momento?

XVII

Receios e consequências.
Conclusão

"A história do mundo, e especialmente a dos Estados desta União, mostra do modo o mais concludente que a prosperidade pública está sempre em uma proporção quase matemática para o grau de liberdade de que gozam todos os habitantes do Estado."

The Wheeling Interlligencer. Parágrafo citado por Olmstead, *A Journey in the Back Country*

Admitida a urgência da abolição para todos os que não se contentam com o ideal de Java da América sonhado para o Brasil, e provada a necessidade dessa operação, tanto quanto pode provar-se em cirurgia a necessidade de amputar a extremidade gangrenada para salvar o corpo, devemos considerar os receios e as predições dos adversários da reforma.

Em primeiro lugar, porém, é preciso examinar se há no país forças capazes de lutar com a escravidão e de vencê-la. Vemos como ela possui o solo e por esse meio tem ao seu serviço a população do interior, que se compõe de moradores proletários, tolerados em terras alheias; sabemos que ela está senhora do capital disponível, tem à sua mercê o comércio das cidades, do seu lado a propriedade toda do país, e, por fim, às suas ordens uma clientela formidável de todas as profissões, advogados, médicos, engenheiros, clérigos, professores, empregados públicos; além disso, a maior parte das forças sociais constituídas, e seguramente, dessas todas as que são resistentes e livres, sustentam-na quanto podem.

Por outro lado, é sabido que a escravidão, assim defendida, com esse grande exército alistado sob a sua bandeira, não está disposta a capitular; não está mesmo sitiada, senão por forças morais, isto é, por forças que, para atuarem, precisam de ter um ponto de apoio dentro dela mesma, em sua própria consciência. Pelo contrário, é certo que a escravidão se oporá, com a maior tenacidade – e resolvida a não perder um palmo de terreno por lei – a qualquer tentativa do Estado para beneficiar os escravos.

Palavras vagas, promessas mentirosas, declarações inofensivas, tudo isso ela admite: desde, porém, que se trate de fazer uma lei de pequeno ou grande alcance direto para aqueles, o chacal há de mostrar as presas a quem penetrar no seu ossário.

Infelizmente para a escravidão, ao enervar o país todo, ela enervou-se também: ao corromper, corrompeu-se. Esse exército é uma multidão indisciplinada, heterogênea, ansiosa por voltar-lhe as costas; essa clientela tem vergonha de viver das suas migalhas, ou de depender do seu favor; a população, que vive nômade em terras de outrem, no dia em que se lhe abra uma perspectiva de possuir legitimamente a terra, em que se lhe consente viver como párias, abandonará a sua presente condição de servos; quanto às diversas forças sociais, o servilismo as tornou tão fracas, tímidas e irresolutas, que elas serão as primeiras a aplaudir qualquer renovação que as destrua, para reconstruí-las com outros elementos. Senhora de tudo e de todos, a escravidão não poderia levantar, em parte alguma do país, um bando de guerrilhas que um batalhão de linha não bastasse para dispersar. Habituada ao chicote, ela não pensa em servir-se da espingarda, e, assim como está resolvida a empregar todos os seus meios de 1871 – os Clubes da Lavoura, as cartas anônimas, a difamação pela imprensa, os insultos no Parlamento, as perseguições individuais –, que dão a medida da sua energia potencial, está também decidida, de antemão, a resignar-se à derrota. O que há de mais certo, em semelhante campanha, é que dez anos depois, como aconteceu com a de 1871, os que nela tomarem parte contra a liberdade hão de ter vergonha da distinção que adquiriram, e se hão de pôr a mendigar o voto daqueles a quem quiseram fazer o maior mal que um homem pode infligir a outro: o de afundá-lo na escravidão, a ele ou aos seus filhos, quando um braço generoso luta para salvá-los.

Por tudo isso, o poder da escravidão, como ela própria, é uma sombra. Ela, porém, conseguiu produzir outra sombra, mais forte, resultado, como vimos, da abdicação geral da função cívica por parte do nosso povo: o governo. O que seja essa força, não se o pode melhor definir do que o fez, na frase já uma vez citada, o eloquente homem de Estado que mediu pessoalmente com o seu olhar de águia o vasto horizonte desse pico – "o poder é o poder". Isso diz tudo. Do alto dessa fantasmagoria colossal, dessa evaporação da fraqueza e do entorpecimento do país, dessa miragem da própria escravidão, no deserto que ela criou, a casa da fazenda vale tanto quanto a senzala do escravo. Sem dúvida alguma, o Parlamento, no novo regime eleitoral, está impondo a vontade dos seus pequenos corrilhos, sobre os quais a lavoura exerce a maior coação: mas, ainda assim, o governo paira acima das câmaras, e, quando seja preciso repetir o fenômeno de 1871, as câmaras hão de se sujeitar, como então fizeram.

Essa é a força capaz de destruir a escravidão, da qual aliás dimana, ainda que, talvez, venham a morrer juntas. Essa força, neste momento, está avassalada pelo poder territorial, mas todos veem que um dia entrará em luta com ele, e que a luta será desesperada, quer este peça a abolição imediata, quer peça medidas indiretas, quer queira suprimir a escravidão de um jato ou, somente, fechar o mercado de escravos.

A opinião pública, tal qual se está formando, tem influência e ação sobre o governo. Ele representa o país perante o mundo, concentra em suas mãos a direção de um vasto todo político, que estaria pronto para receber sem abalo a notícia da emancipação, se não fossem os distritos de café nas províncias de São Paulo, Minas e Rio de Janeiro, e assim é sempre impelido pela consciência nacional a afastar-se cada vez mais da órbita que a escravidão lhe traçou.

Por maior que seja o poder desta, o seu crédito nos bancos, o valor da sua propriedade hipotecada, ela está como o erro dogmático para a verdade demonstrada. Uma onça de ciência vale, por fim, mais do que uma tonelada de fé. Assim também o mínimo dos sentimentos nobres da humanidade acaba por destruir o maior de todos os monopólios dirigido contra ele. Sem atribuir força alguma metafísica aos princípios, quando não há quem os imponha, ou quando a massa humana, a que nós queremos aplicá-los, lhes é refratária, não desconto alto demais o caráter, os impulsos, as aspirações da nação brasileira dizendo que todas as suas simpatias, desprezados os interesses, são pela liberdade contra a escravidão.

Todavia, é forçoso reconhecê-lo: a atitude relutante da única força capaz de destruir esta última, isto é, o governo, a medida, insignificante ainda, em que ele é acessível à opinião, e o progresso lento desta, não nos deixam esperar que se realize tão cedo o divórcio. Se não existe a pressão abolicionista, todavia ele seria ainda mais demorado. O nosso esforço consiste, pois, em estimular a opinião, em apelar para a ação que deve exercer, entre todas as classes, a crença de que a escravidão não avilta somente o nosso país: arruína-o materialmente. O agente está aí, é conhecido, é o poder. O meio de produzi-lo é, também, conhecido: é a opinião pública. O que resta é inspirar a esta a energia precisa, tirá-la do torpor que a inutiliza, mostrar-lhe como a inércia prolongada é o suicídio.

Vejamos, agora, os receios que a reforma inspira. Teme-se que a abolição seja a morte da lavoura, mas a verdade é que não há outro modo de aviventá-la. Há noventa anos Noah Webster escreveu num opúsculo acerca dos efeitos da escravidão sobre a moral e a indústria o seguinte:

A um cidadão da América parece estranho e admira-lhe que no século XVIII [e a nós brasileiros quase cem anos depois?] tal questão seja objeto de dúvida em qualquer parte da Europa; e mais ainda assunto de discussão séria [A questão: "Se é mais vantajoso para um Estado que o camponês possua terra ou outros quaisquer bens, e até que limite deve ser admitida essa propriedade no interesse público?" posta em concurso pela Sociedade Econômica de São Petersburgo]. Entretanto não somente na Rússia e grande parte da Polônia, mas também na Alemanha e Itália, onde há muito a luz da ciência dissipou a noite da ignorância gótica, os barões se ofenderiam com a simples ideia de dar liberdade aos seus camponeses. Esta repugnância deve nascer da suposição de que, se os libertassem, os seus estabelecimentos sofreriam materialmente; porque o orgulho só não seria obstáculo ao interesse. Mas isto é um engano fatalíssimo, e americanos não deverão ser os últimos a convencer-se de que o é; homens livres não só produzem mais, mas gastam menos do que escravos; não só são mais trabalhadores, são mais providos também, e *não há um proprietário de escravos na Europa ou América que não possa dobrar em poucos anos o valor do seu estabelecimento agrícola, alforriando os seus escravos e ajudando-os no manejo das suas culturas.*[52]

As palavras finais que eu grifei são tão exatas e verdadeiras hoje como eram quando foram escritas; tão exatas então como seriam, no fundo, ao tempo em que a Sicília romana estava coberta de *ergástulos* e os escravos viviam a mendigar ou a roubar.

A esse respeito, a prova mais completa possível é a transformação material e econômica da lavoura nos Estados do Sul, depois da guerra: a agricultura é hoje ali muitas vezes mais rica, próspera e florescente, do que no tempo em que a colheita do algodão representava os salários sonegados à raça negra, e as lágrimas e misérias do regime bárbaro que se dizia necessário àquele produto. Não é mais rica somente por produzir maior colheita e dar maior renda; é mais rica porque a estabilidade é outra, porque as indústrias estão afluindo, as máquinas multiplicando-se, e a população vai crescendo, em desenvolvimento moral, intelectual e social desimpedido.

Em data de 1º de setembro de 1882 escrevia o correspondente do *Times* na Filadélfia:

> No fim da guerra – disse enfaticamente um dos representantes do Sul na recente Convenção dos Banqueiros em Saratoga –, o Sul ficou apenas com terras e dívidas. Contudo o povo começou a trabalhar para desenvolver as primeiras e libertar-se das segundas, e, depois de alguns anos de inteligente dedicação a esses grandes deveres, ele conseguiu resultados que o surpreendem tanto, como ao resto do mundo. Assim a abolição da escravidão, com a queda dos sistemas de agricultura que ela sustentava, foi da maior vantagem para o Sul. Nenhum país do globo passou por uma revolução social mais completa – e todavia comparativamente pacífica e quase desapercebida – do que os Estados do Sul desde 1865. O fim da rebelião encontrou o Sul privado de tudo menos a terra, e carregado de uma imensa dívida contraída principalmente pelo crédito fundado no valor da propriedade escrava. No maior Estado do Sul – a Geórgia – esse valor subia a $30.000.000 [sessenta mil contos]. A abolição destruiu a garantia, mas deixou de pé a dívida, e quando cessaram as hostilidades o Sul estava exausto, meio faminto e falido, nacionalmente e individualmente, com os libertos feitos senhores, e induzidos a toda a sorte de excessos políticos pelos brancos sem escrúpulos que se puseram à frente deles.

Depois da restauração da paz, o alto preço do algodão incitou os lavradores a cultivá-lo, quanto possível, e como a nova condição do negro impedia o seu antigo senhor de dispor do trabalho dele, tornou-se a princípio costume quase invariável dos proprietários arrendarem as plantações aos libertos e procurarem tirar delas o mesmo rendimento que antes da rebelião, e isso sem trabalho pessoal. Muitos dos agricultores mudaram-se para as cidades, deixando a administração das suas terras aos libertos, e, uma vez que lhes fosse paga a renda do algodão, não se importavam com os métodos empregados. Os negros, livres de toda fiscalização, lavravam imensas áreas, remexendo a flor da terra com pequenos arados, não empregando adubo, mas deixando o solo descansar, e seguindo do modo mais fácil os métodos de cultura que aprenderam quando escravos. Desta forma, cedo as plantações ficaram exaustas na superfície do solo, e os libertos não puderam mais conseguir colheita bastante, nem para pagar a renda, nem para o seu próprio sustento. Os proprietários, que viviam na ociosidade, acharam--se assim com os seus rendimentos suspensos e as suas terras estragadas, ao passo que, estando o país cheio de estabelecimentos nas mesmas condições, a venda era quase impossível a qualquer preço. A necessidade, então, forçou-os a voltar às suas plantações, de modo que, por administração pessoal, elas pudessem ser restauradas na sua força produtiva anterior; mas esses processos, negligentes e atrasados, mantiveram o Sul por diversos anos em uma condição extremamente precária.
Durante a última década os agricultores convenceram-se de que tal sistema não devia continuar indefinidamente; que o estilo de lavoura lhes estava arruinando as terras; que os fabricantes e os banqueiros, com os juros altos,

lucros enormes e dispondo, incontestavelmente, das colheitas eram os únicos a colher benefícios; e que, por falta de capital bastante para dirigirem os seus negócios, pelo sistema de pagamento à vista, eles se conservavam pobres e trabalhavam as suas plantações com desvantagem sempre crescente. Isso determinou mudanças que foram todas para o bem duradouro do Sul. As plantações estão sendo cortadas em pequenos sítios, e a classe mais inteligente está cultivando menor número de jeiras, alternando as safras, descansando a terra, adotando um melhor sistema de lavrar, e fazendo uso em grande escala de estrumes. Eles agora conseguem, em muitos casos onde este sistema adiantado está há anos em prática, um fardo de algodão por jeira onde antes eram precisos cinco ou seis jeiras para produzir um fardo de qualidade inferior. Eles estão, também, plantando mais trigo e aveia, produzindo mais carne para os trabalhadores, e mais forragem de diversas espécies para os animais. A grande colheita é sempre o algodão – que dá uma safra maior proporcionalmente à superfície do que anos atrás –, o algodão não é já tão rei absoluto como antes foi. O Sul pode, hoje, sustentar-se por si em quase toda a parte, no que concerne à alimentação. Os mantimentos e o trigo do Norte e do Oeste não encontram mais ali o mesmo mercado de antes da guerra. Trabalhando por sistemas sensatos, os plantadores estão tirando muito melhores resultados; em geral livraram-se das dívidas, e sentem-se em condição mais vantajosa, ao passo que o trabalhador no Sul está tão contente que não se tem ouvido falar dele este verão. Esta é a grande revolução pacífica – social e industrial – que teve lugar nesta década, todavia do modo tão quieto a surpreender a todos, quando as publicações do recenseamento a revelaram.

O mesmo correspondente, em data de 1º de abril de 1880, havia transmitido algumas observações de Jefferson Davis, o presidente da Confederação, sobre os resultados da medida que emancipou os escravos:

> As suas opiniões, ele o confessou, mudaram inteiramente com referência à cultura do algodão e do açúcar. Essas mercadorias principais, do Sul, podem ser produzidas em maior abundância, e com mais economia, pagando-se o trabalho do que por escravos. Isto, disse ele, está demonstrado, e serve para mostrar como foi vantajosa para os brancos a abolição da escravidão. O Sul depende menos do Norte do que antes da guerra. Ao passo que ele continua a exportar os seus grandes produtos [o algodão e o açúcar], o povo está produzindo maior variedade de colheitas para uso próprio, e há de eventualmente competir com o Norte em manufaturas e nas artes mecânicas.[53]

Ambas essas citações encerram, com a autoridade da experiência, e da história, elaborada debaixo de nossas vistas, grandes avisos aos nossos agricultores, assim como a maior animação para o nosso país. Não há dúvida de que o trabalho livre é mais econômico, mais inteligente, mais útil à terra, benéfico ao distrito onde ela está encravada, mais próprio para gerar indústrias, civilizar o país, e elevar o nível de todo o povo. Para a agricultura, o trabalho livre é uma vida nova, fecunda, estável e duradoura. Buarque de Macedo entreviu a pequena lavoura dos atuais escravos, em torno dos engenhos centrais de açúcar, e deu testemunho disso para despertar a energia individual. A todos os respeitos, o trabalho livre é mais vantajoso que o escravo. Não é a agricultura que há de sofrer por ele.

Sofrerão, porém, os atuais proprietários, e se sofrerem terão o direito de queixar-se do Estado? Acabamos de ler que a guerra civil americana só deixou em mãos dos antigos senhores terras e dívidas. Mas, entre nós, não se dá o mesmo que nos Estados Unidos. Ali a emancipação veio depois de uma rebelião, à qual nenhuma outra pode ser comparada; depois de um bloqueio ruinoso, e muito mais cedo do que os abolicionistas mais esperançosos de Boston ou Nova York podiam esperar. No Brasil fez-se, há doze anos, uma lei que, para os atuais possuidores, não podia senão significar que a nação estava desejosa de pôr termo à escravidão, que tinha vergonha de ser um país de escravos, e só não decretava em vez da alforria dos nascituros a dos próprios escravos, para não prejudicar os interesses dos senhores. O Brasil, em outras palavras, para não ferir de leve a propriedade de uma classe de indivíduos, muitos deles estrangeiros, filhos de países onde a escravidão não existe, e nos quais a proibição de possuir escravos, qualquer que seja a latitude, já deverá ser parte do estatuto pessoal da nacionalidade, assentiu a continuar responsável por um crime.

O argumento dos proprietários de escravos é, com efeito, este:

> O meu escravo vale um conto de réis, empregado nele de boa-fé, ou possuído, legalmente, pelo princípio da acessão do fruto. Se tendes um conto de réis para dar-me por ele, tendes o direito de libertá-lo. Mas, se não tendes essa quantia ele continuará a ser meu escravo.

Eu admito este argumento, o qual significa isto: desde que uma geração consentiu ou tolerou um crime qualquer, seja a pirataria, seja a escravidão, outra geração não pode suprimir esse crime, sem indenizar os que cessarem de ganhar por ele; isto é, enquanto não tiver o capital que esse crime representa, não poderá, por mais que a sua consciência se revolte e ela queira viver honestamente, desprender-se da responsabilidade de cobri--lo com a sua bandeira e de prestar-lhe o auxílio das suas tropas, em caso de necessidade. À vista dessa teoria nenhum país pode subir um degrau na escala da civilização e da consciência moral se não tiver com que desapropriar a sua imoralidade e o seu atraso. Adoto, entretanto, esse ponto de vista para simplificar a questão, e concedo o princípio que o Estado deva entrar em acordo para indenizar a propriedade escrava, legalmente possuída.

Em 1871, porém, a nação brasileira deu o primeiro aviso à escravidão de que a consciência a vexava, e ela estava ansiosa por liquidar esse triste passado e começar vida nova. Pode alguém, que tenha adquirido escravos depois dessa data, queixar-se de não ter sido informado de que a reação do brio e do pudor começava a tingir as faces da nação? O preço dos escravos subiu depois da lei; chegou em São Paulo a três contos de réis, como subira depois de acabado o tráfico, sendo o efeito de cada lei humanitária que restringe a propriedade humana aumentar-lhe o valor, como o de outra qualquer mercadoria, cuja produção diminui quando a procura continua a ser a mesma. Mas tem o Estado que responder pelo incremento do valor do escravo, sátira pungente de cada medida de moralidade social, e que mostra como o comércio da carne humana gira todo fora da ação do patriotismo? Não é só do que a lei proíbe, que o cidadão cioso do nome do seu país deve abster-se, conscienciosamente, mas de tudo quanto ele sabe que a lei só não proíbe porque não pode, e que envergonha a lei, sobretudo depois que a nação lhe dá um aviso de que é preciso acabar, quanto antes, com esse abuso, cada brasileiro ajudando o Estado a fazê-lo. Haverá, entre nós, quem desconheça que a Constituição teve vergonha da escravidão, e que a lei de 28 de setembro de 1871 foi um solene aviso nacional, um apelo ao patriotismo?

Durante cinquenta anos a grande maioria da propriedade escrava foi possuída ilegalmente. Nada seria mais difícil aos senhores, tomados coletivamente, do que justificar perante um tribunal escrupuloso a legalidade daquela propriedade, tomada também em massa. Doze anos, porém, depois da lei de 28 de setembro, como fundariam eles quaisquer acusações de má-fé, espoliação e outras, contra o Estado por transações efetuadas sobre escravos?

Ninguém, infelizmente, espera que a escravidão acabe de todo no Brasil antes de 1890. Não há poder, atualmente conhecido, que nos deixe esperar uma duração menor, e uma lei que hoje lhe marcasse esse prazo aplacaria de repente as ondas agitadas. Pois bem, não há escravo que dentro de cinco anos não tenha pago o seu valor, sendo os seus serviços inteligentemente aproveitados. Pense entretanto a lavoura, faça cada agricultor a conta dos seus escravos: do que eles efetivamente lhe custaram e do que lhe renderam, das *crias* que produziram – descontando os africanos importados depois de 1831 e seus filhos conhecidos, pelos quais seria um ultraje reclamarem uma indenização pública – e vejam se o país, depois de grandes e solenes avisos para que descontinuassem essa indústria cruel, não tem o direito de extingui-la, de chofre, sem ser acusado de os sacrificar.

Se eles não conseguem reunir as suas hipotecas, pagar as suas dívidas, a culpa não é dos pobres escravos, que os ajudam quanto podem, e não devem responder pelo que o sistema da escravidão tem de mau e contrário aos interesses do agricultor. Dê cada senhor hoje uma papeleta a cada um dos seus escravos, inscrevendo na primeira página, não já o que ele custou – somente esse processo eliminaria metade da escravatura *legal* –, mas o que cada um vale no mercado, e lance ao crédito desse escravo cada serviço que ele preste; dentro de pouco tempo a dívida estará amortizada. Se alguma coisa o escravo lhe ficar restando, ele mesmo fará honra à sua firma, servindo-o depois de livre: tudo o que não for isso é usura, e a pior de todas, a de Shylock, levantada sobre a carne humana, e, pior do que a de Shylock, executada pelo próprio usurário.

Se a agricultura, hoje, não dá rendimento para a amortização da dívida hipotecária, e não há probabilidade de que em tempo algum a lavoura, com o presente sistema, possa libertar os seus escravos sem prejuízo, não há vantagem alguma para o Estado em que a propriedade territorial continue em mãos de quem não pode fazê-la render, e isso mediante a conservação por lei de um sistema desacreditado, de sequestro pessoal. Nesse caso, a emancipação teria ainda a vantagem de introduzir sangue novo na agricultura, promovendo a liquidação do atual regime. A lavoura, quer a do açúcar, quer a do café, nada tem que temer do trabalho livre. Se hoje o trabalho é escasso; se uma população livre, válida e desocupada que já se calculou, em seis províncias somente, em cerca de três milhões de braços[54], continua inativa; se o próprio liberto recusa trabalhar na fazenda onde cresceu; tudo isso é resultado da escravidão, que faz do trabalho ao lado do escravo um desar para o homem livre, desar que não o é para o europeu, mas que o liberto reconhece e não tem coragem para sobrepujar.

    Tudo nessa transição, tão fácil havendo boa inteligência entre o país e a lavoura, como difícil resistindo esta ao fato consumado, depende dos nossos agricultores. Se a escravidão não houvesse, por assim dizer, esgotado os recursos do nosso crédito; se a Guerra do Paraguai, cujas origens distantes são tão desconhecidas ainda, não nos tivesse murado o futuro por uma geração toda; nada seria mais remunerador para o Estado do que ajudar por meio do seu capital a rápida reconstrução da nossa agricultura. Auxílios à lavoura para outro fim, diverso da emancipação – para mobilizar e fazer circular pela Europa, em letras hipotecárias, como o pretendia a lei de 6 de novembro de 1875, a propriedade escrava – seria, além de um plano injusto de socorros à classe mais favorecida à custa de todas as outras, complicar a falência da lavoura com a do Estado, e arrastá-los à mesma ruína. Nem "auxílios à lavoura" pode significar, em um país democratizado como o nosso e que precisa do imposto territorial para abrir espaço à população agrícola, um subsídio à grande propriedade, com o desprezo dos pequenos lavradores que aspiram a possuir o solo onde são rendeiros. Mas, por outro lado, de nenhum modo poderia o Estado usar melhor do seu crédito do que para, numa contingência, facilitar à agricultura a transição do regime romano dos ergástulos ao regime moderno do salário e do contrato livre.

Não há em todo o movimento abolicionista, e no futuro que ele está preparando, senão benefício para a agricultura, como indústria nacional; e, como classe, para os agricultores solváveis, ou que saibam aproveitar as condições transformadas do país. O exemplo dos Estados do Sul deve servir-lhes de farol; cada um dos escolhos em que seria possível naufragar foram cuidadosamente iluminados. Nem rebelião contra uma consciência nacional superior, nem desconfiança dos seus antigos escravos, nem abandono completo das suas terras aos libertos, nem *absenteísmo,* nem a rotina da velha cultura, nem desânimo, mas reconhecimento do fato consumado como um progresso para o país, a criação de novos laços de gratidão e amizade entre eles e os que os serviram como cativos e estão presos às suas terras, a elevação dessa classe pela liberdade, a melhor educação dos seus filhos, a indústria, a perseverança, a agronomia.

Nós não estamos combatendo a lavoura contra o seu próprio interesse: não só a influência política dos nossos agricultores há de aumentar quando se abaterem essas muralhas de preconceitos e suspeitas, que lhes cercam as fazendas e os engenhos, senão também a sua segurança individual será maior, e os seus recursos crescerão *pari passu* com o bem-estar, a dignidade, o valor individual da população circunvizinha. O trabalho livre, dissipando os últimos vestígios da escravidão, abrirá o nosso país à imigração europeia; será o anúncio de uma transformação viril, e far-nos-á entrar no caminho do crescimento orgânico e portanto homogêneo. O antagonismo latente das raças – a que a escravidão é uma provocação constante, e que ela não deixa morrer, por mais que isso lhe convenha – desaparecerá de todo. Tudo isso servirá para reconstruir, sobre bases sólidas, o ascendente social da grande propriedade, para abrir-lhe altas e patrióticas ambições, para animá-la do espírito de liberdade, que nunca fez a desgraça de nenhum povo e de nenhuma classe. Volte a nossa lavoura resolutamente as costas à escravidão, como fez com o tráfico, e dentro de vinte anos de trabalho livre os proprietários territoriais brasileiros formarão uma classe a todos os respeitos mais rica, mais útil, mais poderosa, e mais elevada na comunhão do que hoje.

Quem fala sinceramente esta linguagem só deve ser considerado inimigo da lavoura, se lavoura e escravidão são sinônimos. Mas quando, pelo contrário, esta é a vítima daquela; quando, humilhando o escravo, a escravidão não consegue senão arruinar o senhor, entregar depois de duas gerações as suas terras à usura, e atirar os seus descendentes aos hospícios do Estado; quem denuncia honestamente a escravidão não denuncia a lavoura, mas trata de separá-la da influência que a entorpece, ainda que para salvá-la seja preciso descrever com toda a verdade o que a escravidão faz dela.

Foi sempre a sorte de quantos se opuseram à loucura de uma classe ou de uma nação, e procuraram convencê-las de que se sacrificaram perseverando num erro ou num crime, serem tidos por inimigos de uma ou de outra. Cobden foi considerado inimigo da agricultura inglesa porque pediu que o pobre tivesse o direito de comprar o pão barato; e Thiers foi acusado de traidor à França, porque quis detê-la no caminho de Sedan. Pensem, porém, os nossos lavradores no futuro.

Dois meninos nasceram na mesma noite, de 27 de setembro de 1871, nessa fazenda cujo regime se pretende conservar: um é senhor do outro. Hoje eles têm, cada um, perto de doze anos. O senhor está sendo objeto de uma educação esmerada; o escravo está crescendo na senzala. Quem haverá tão descrente do Brasil a ponto de supor que em 1903, quando ambos tiverem trinta e dois anos, esses homens estarão um para o outro na mesma relação de senhor e escravo? Quem negará que essas duas crianças, uma educada para grandes coisas, outra embrutecida para o cativeiro, representam duas correntes sociais que já não correm paralelas – e, se corressem, uma terceira, a dos nascidos depois daquela noite, servir-lhes-ia de canal –, mas se encaminham para um ponto dado em nossa história na qual devem forçosamente confundir-se? Pois bem, o abolicionismo o que pretende é que essas duas correntes não se movam uma para outra mecanicamente, por causa do declive que encontram; mas espontaneamente, em virtude de uma afinidade nacional consciente. Queremos que se ilumine e se esclareça toda aquela parte do espírito do senhor, que está na sombra: o sentimento de que esse, que ele chama *escravo,* é um ente tão livre como ele pelo direito do nosso século; e que se levante todo o caráter, edificado abaixo do nível da dignidade humana, do que chama o outro *senhor,* e se lhe insufle a alma do cidadão que ele há de ser; isto é, que um e outro sejam arrancados a essa fatalidade brasileira – a escravidão – que moralmente arruína ambos.

***

Posso dar por terminada a tarefa que empreendi ao começar este volume de propaganda, desde que não entra no meu propósito discutir as diversas medidas propostas para aperfeiçoar a lei de 28 de setembro de 1871, como o plano de localizar a escravidão, o de transformar os escravos e *ingênuos* em servos da gleba, o aumento do Fundo de Emancipação. Todas essas medidas são engendradas por espíritos que não encaram a escravidão como fator social, como um impedimento levantado no caminho do país todo, ao desenvolvimento e bem-estar de todas as classes, à educação das novas gerações. Nenhum deles compreende a significação política, moral e econômica, para uma nação qualquer mergulhada na escravidão, de um testemunho como o seguinte, dado, em sua Mensagem de 1881 ao Congresso, pelo Presidente James Garfield, sobre os efeitos da emancipação nos Estados Unidos:

> A vontade da nação, falando com a voz da batalha por intermédio de uma Constituição emendada, cumpriu a grande promessa de 1767 ao proclamar a liberdade em todo o país para todos seus habitantes. A elevação da raça negra do cativeiro à plenitude dos direitos do cidadão é a mais importante mudança política que nós conhecemos desde que foi adotada a Constituição de 1787. Nenhum homem refletido deixará de reconhecer os benéficos efeitos daquele acontecimento sobre as nossas instituições e o nosso povo. Ele livrou-nos do constante perigo de guerra e dissolução; aumentou imensamente as forças morais e industriais do nosso povo; libertou tanto o senhor como o escravo de uma relação que prejudicava e enfraquecia ambos; entregou à sua própria tutela a virilidade de mais de cinco milhões de pessoas, e abriu a cada uma delas uma carreira de liberdade e de utilidade; deu uma nova inspiração ao poder de *self-help* em ambas as raças, tornando o trabalho mais honroso para uma e mais necessário à outra. A influência dessa força há de crescer cada vez mais, e dar melhores frutos com o andar dos tempos.

Nós, porém, que temos certeza de que essa mesma linguagem honrosa para todos, ex-escravos e ex-senhores, poderia ser usada poucos anos depois do ato que abolisse hoje a escravidão no Brasil, não podemos querer que se sacrifiquem esses grandes interesses do país aos interesses de uma classe retardatária, que nunca se apressou em acompanhar a marcha do século e da nação, apesar dos avisos da lei e das súplicas dos brasileiros patriotas – tanto mais quanto tal sacrifício seria em pura perda.

A nossa verdadeira política, dizia em 1854 um jornal do Sul da União americana, é olhar para o Brasil como a segunda grande potência escravocrata. Um tratado de comércio e aliança com o Brasil conferir-nos-á o domínio sobre o Golfo do México e os Estados que ele banha, juntamente com as ilhas; e a consequência disto colocará a escravidão africana fora do alcance do fanatismo no interior ou no exterior. Esses dois grandes países de escravos devem proteger e fortificar os seus interesses comuns... Nós podemos não só preservar a escravidão doméstica, mas também desafiar o poder do mundo...[55]

Esse sonho, de união e aliança escravagista, desfez-se nas sucessivas batalhas que impediram a formação de um grande e poderoso Estado americano, criado para perpetuar e estender pela América toda o cativeiro das raças africanas. Mas o Brasil continua a ser, aos olhos do continente, o tipo da nação de escravos, o representante de uma forma social rudimentar, opressiva e antiga. Até quando será esse o nosso renome, e teremos em nossos portos esse sinal de peste que afasta os imigrantes para os Estados que procuram competir conosco?

O nosso país foi visitado e estudado por homens de ciência. O maior de todos eles, Charles Darwin (mais de uma vez tenho feito uso desse exemplo), não achou outras palavras com que se despedir de uma terra cuja admirável natureza deverá ter exercido a maior atração possível sobre o seu espírito criador, senão estas: "No dia 19 de agosto deixamos por fim as praias do Brasil. Graças a Deus, nunca mais hei de visitar um país de escravos". O espetáculo da escravidão na América, em pleno reinado da natureza, no meio das formas mais belas, variadas e pujantes que a vida assume em nosso planeta, não podia, com efeito, inspirar outros sentimentos a sábios senão os que nos expressaram Darwin, Agassiz, e antes deles Humboldt e

José Bonifácio. Não é, porém, a mortificação, desinteressada e insuspeita, dos que amam e admiram a nossa natureza, que nos causa o maior dano; é, sim, a reputação que temos em toda a América do Sul, de *país de escravos,* isto é, de sermos uma nação endurecida, áspera, insensível ao lado humano das coisas; é, mais ainda, essa reputação – injusta, porque o *povo* brasileiro não pratica a escravidão e é vítima dela – transmitida ao mundo inteiro e infiltrada no espírito da humanidade civilizada. Brasil e escravidão tornaram-se assim sinônimos. Daí a ironia com que foi geralmente acolhida a legenda de que íamos fundar a liberdade no Paraguai; daí o desvio das correntes de imigração para o Rio da Prata, que, se devesse ter uma política maquiavélica, invejosa e egoísta, deveria desejar ao Brasil os trinta anos mais de escravidão que os advogados desse interesse reclamam.[56]

Se o Brasil só pudesse viver pela escravidão, seria melhor que ele não existisse; mas essa dúvida não é mais possível: ao lado de uma população, que, entre escravos e *ingênuos,* não passa de um milhão e quinhentos mil habitantes temos uma população livre seis vezes maior. Se o resultado da emancipação fosse – o que não seria – destruir a grande cultura atual de gêneros de exportação, e se o país atravessasse uma crise quanto ao rendimento nacional, mesmo isso não seria um mal relativamente ao estado presente, que se não é já a insolvabilidade encoberta ou adiada pelo crédito, está muito perto de o ser, e – se durar a escravidão – há de sê-lo. A escravidão tirou-nos o hábito de trabalhar para alimentar-nos; mas não nos tirou o instinto nem a necessidade da conservação, e esta há de criar, novamente, a energia atrofiada.

Se, por outro lado, a escravidão devesse forçosamente ser prolongada por todo o seu prazo atual, os brasileiros educados nos princípios liberais do século deveriam logo resignar-se a mudar de pátria. Mas, e esta é a firme crença de todos nós que a combatemos, a escravidão, em vez de impelir-nos, retém-nos; em vez de ser uma causa de progresso e expansão impede o crescimento natural do país. Deixá-la dissolver-se, e desaparecer, insensivelmente, como ela pretende, é manter um foco de infecção moral permanente no meio da sociedade durante duas gerações mais, tornando, por longo tempo, endêmico o servilismo e a exploração do homem pelo homem, em todo o nosso território.

O que esse regime representa, já o sabemos. Moralmente é a destruição de todos os princípios e fundamentos da moralidade religiosa ou positiva – a família, a propriedade, a solidariedade social, a aspiração humanitária: politicamente, é o servilismo, a desagregação do povo, a doença do funcionalismo, o enfraquecimento do amor da pátria, a divisão do interior em feudos, cada um com o seu regime penal, o seu sistema de provas, a sua inviolabilidade perante a polícia e a justiça; econômica e socialmente, é o bem-estar transitório de uma classe única, e essa, decadente e sempre renovada; a eliminação do capital produzido, pela compra de escravos; a paralisação de cada energia individual para o trabalho na população nacional; o fechamento dos nossos portos aos imigrantes que buscam a América do Sul; a importância social do dinheiro, seja como for adquirido; o desprezo por todos os que por escrúpulos se inutilizam ou atrasam numa luta de ambições materiais; a venda dos títulos de nobreza; a desmoralização da autoridade desde a mais alta até à mais baixa; a impossibilidade de surgirem individualidades dignas de dirigir o país para melhores destinos, porque o povo não sustenta os que o defendem, não é leal aos que se sacrificam por ele, e o país, no meio de todo esse rebaixamento do caráter, do trabalho honrado, das virtudes obscuras, da pobreza que procura elevar-se honestamente, está, como se disse dos Estados do Sul, "apaixonado pela sua própria vergonha".[57]

Tudo, por certo, nesse triste negócio da escravidão, não é assim desanimador. Nós vemos hoje, felizmente, por toda a parte sinais de que a manumissão de escravos se entranhou no patriotismo brasileiro, e forma a solenidade principal das festas de família e públicas. Desde 1873 até hoje foram inscritas em nossos registros oficiais 87.005 manumissões, e apesar de ser impossível calcular o capital que esse número representa, não se conhecendo as idades, nem as condições individuais dos alforriados, aqueles algarismos são um elevado expoente da generosidade de caráter dos brasileiros. Tanto mais assim quanto são as cidades, onde a propriedade escrava se acha muito subdividida entre numerosas famílias pobres, que se destacam proeminentemente na lista, e não o campo onde há as grandes fábricas das fazendas. Na corte, por exemplo, com uma população escrava neste decênio de 54.167 indivíduos, ao passo que a morte eliminou oito mil, a liberdade pública e particular manumitiu dez mil; enquanto que na Província do Rio de Janeiro, com uma população escrava no mesmo período de 332.949 indivíduos, a morte deu baixa na matrícula a 51.269 escravos e foram alforriados 12.849. Em outros termos, na capital do país, a generosidade nacional segue as pisadas da morte; na província esta ceifa quatro vezes mais depressa.

Por mais que nos desvaneçamos de ter registrado em dez anos 87.005 manumissões, devemos não esquecer que no mesmo período, só na Província do Rio de Janeiro, houve um movimento de importação e exportação entre os seus diversos municípios de 124 mil escravos. Isto quer dizer que o mercado de escravos, as transações de compra e venda sobre a propriedade humana deixam na sombra o valor das alforrias concedidas. Também, em todo o país, ao passo que foram alforriados, de 1873 a 1882, 70.183 escravos, morreram em cativeiro 132.777, ou cerca do dobro. Mas, quando a morte, que é uma força inerte e inconsciente, elimina dois, e a nação elimina um, esta faz dez ou vinte vezes menos do que aquela, que não tem interesse, nem dever de honra, no problema que está fatidicamente resolvendo.

Pensem os brasileiros, antes de tudo, nessa imensa população escrava que excede de 1.200.000, e nos *senhores* desses homens; pensem nos que morrem, nos que nascem, ou para serem criados como escravos ou para serem educados como *senhores;*

e vejam se esses dois milhões de unidades nacionais devem ser ainda entregues à escravidão, para que ela torture umas até à morte, corrompa as outras desde a infância, e, se outros milhões de brasileiros restantes devem continuar a ser os clientes ou servos de um interesse que lhes repugna e a viver sob o regime universal e obrigatório da escravidão tornada um *Imperium in Imperio*.

Assim foi em toda a parte.

Como os rios brilham com cores diferentes, mas a cloaca é sempre a mesma – escreve Mommsen estudando a invariável pintura da escravidão antiga, – assim a Itália, da época ciceroniana, parece-se essencialmente com a Helas de Políbio e, mais ainda, com a Cartago do tempo de Aníbal, onde, exatamente do mesmo modo, o regime onipotente do capital arruinou a classe média, elevou o negócio e a cultura da terra ao maior grau de florescimento, e por fim produziu a corrupção moral e política da nação.

É essa mesmíssima instituição, carregada com as culpas da história toda, que, eliminada da Ásia e da Europa, esmagada na América, proscrita pela consciência humana e em vésperas de ser tratada por ela como pirataria, refugia-se no Brasil e nos suplica que a deixemos morrer naturalmente, isto é, devorando, para alimentar-se, o último milhão e meio de vítimas humanas que lhe restam no mundo civilizado.

Que devemos fazer? Que aconselham ao país – que até hoje tem sido a criatura daquele espírito infernal, mas que já começa a repudiar essa desonrosa tutela – os que adquiriram o direito de dar-lhe conselhos? Que lhe aconselha a Igreja, cujos bispos estão mudos vendo os mercados de escravos abertos; a imprensa, as academias, os homens de letras, os professores de Direito, os educadores da mocidade, todos os depositários da direção moral do nosso povo? Que lhe dizem os poetas, a quem

Castro Alves mostrou bem que num país de escravos a missão dos poetas é combater a escravidão? A mocidade, a quem Ferreira de Meneses e Manuel Pedro – para só falar dos mortos – podem ser apontados como exemplos do que é a frutificação do talento quando é a liberdade que fecunda? Que lhe aconselham, por fim, dois homens, que têm cada um a responsabilidade de guias do povo? Um, o Sr. Saraiva, escreveu em 1868: "Com a escravidão do homem e do voto, continuaremos a ser como somos hoje, menosprezados pelo mundo civilizado que não pode compreender se progrida tão pouco com uma natureza tão rica", e disse em 1873: "A grande injustiça da lei é não ter cuidado das gerações atuais". O outro é o herdeiro do nome e do sangue de José Bonifácio, a cujos ouvidos devem ecoar as últimas palavras da *Representação* à Constituinte, como um apelo irresistível de além-túmulo, e cuja carreira política será julgada pela história como a de um sofista eloquente se ele não colocar ainda os sentimentos de justiça, liberdade e igualdade, que tratou de despertar em nós, acima dos interesses dos proprietários de homens de São Paulo.

A minha firme convicção é que, se não fizermos todos os dias novos e maiores esforços para tornar o nosso solo perfeitamente livre, se não tivermos sempre presente a ideia de que a escravidão é causa principal de todos os nossos vícios, defeitos, perigos e fraquezas nacionais, o prazo que ainda ela tem de duração legal – calculadas todas as influências que lhe estão precipitando o desfecho – será assinalado por sintomas crescentes de dissolução social. Quem sabe mesmo se o historiador do futuro não terá que nos aplicar uma destas duas frases – ou a de Ewald sobre Judá – "A destruição total do antigo reino era necessária antes que se pudesse pôr termo à escravidão que ninguém se aventurava a dar mais um passo sequer para banir"[58] ou, pior ainda esta de Goldwin Smith[59] sobre a União Americana: "Os Estados cristãos da América do Norte associaram-se com a escravidão por causa do Império e por orgulho de serem uma grande confederação; e sofreram a penalidade disso, primeiro no veneno que o domínio do senhor de escravos espalhou por todo o seu sistema político e social, e, segundo, com esta guerra terrível e desastrosa?".

Uma guerra em que o Brasil entrasse contra um povo livre, com a sua bandeira ainda tisnada pela escravidão, poria instintivamente as simpatias liberais do mundo do lado contrário ao nosso; e uma nação de grande inteligência nativa, livre da praga do militarismo político e das guerras sul-americanas, branda e suave de coração, pacífica e generosa, seria por causa desse mercado de escravos, que ninguém tem a coragem de fechar, considerada mais retrógrada e atrasada do que outros países que não gozam das mesmas liberdades individuais, não têm a mesma cultura intelectual, o mesmo desinteresse, nem o mesmo espírito de democracia e igualdade que ela.

Escrevi este volume pensando no Brasil, e somente no Brasil, sem ódio nem ressentimento, e sem descobrir em mim mesmo, contra quem quer que fosse, um átomo consciente dessa inveja que Antônio Carlos disse ser "o ingrediente principal de que são amassadas nossas almas". Ataquei abusos, vícios e práticas; denunciei um regime todo, e por isso terei ofendido os que se identificam com ele; não se pode, porém, combater um interesse da magnitude e da ordem da escravidão sem dizer o que ele é. Os senhores são os primeiros a qualificar, como eu próprio, a instituição com cuja sorte se entrelaçaram as suas fortunas; a diferença está, somente, em que eu sustento que um regime nacional, assim unanimemente condenado, não deve ser mantido, porque está arruinando, cada vez mais, o país, e eles querem que essa instituição continue a ser legalmente respeitada. Acabe-se com a escravidão, tenha-se a coragem de fazê-lo, e ver-se-á como os abolicionistas estão lutando no interesse mesmo da agricultura, e de todos os agricultores solváveis, sendo que a escravidão não há de salvar os que não o sejam, exceto à custa da alienação das suas terras e escravos, isto é, da sua qualidade de lavradores. Continue, porém, o atual sistema a enfraquecer e corromper o país, aproximando-o da decomposição social, em vez de ser suprimido heroicamente, patrioticamente, nobremente, com o apoio de grande número de proprietários esclarecidos, e que ousem renunciar "a sua propriedade pensante"[60] reconhecendo os direitos da natureza humana: o futuro há de, infelizmente, justificar o desespero, o medo patriótico, a humilhação e a dor que o adiamento da abolição nos inspira.

Analisei, detidamente, algumas das inúmeras influências contrárias ao desenvolvimento orgânico do país, exercidas pela escravidão. Nenhum espírito sincero contestará a filiação de um só desses efeitos, nem a importância vital do diagnóstico. A escravidão procurou, por todos os meios, confundir-se com o país, e, na imaginação de muita gente, o conseguiu. Atacar a bandeira negra é ultrajar a nacional. Denunciar o regime das senzalas, é infamar o Brasil todo. Por uma curiosa teoria, todos nós, brasileiros, somos responsáveis pela escravidão, e não há como lavarmos as mãos do sangue dos escravos. Não basta não possuir escravos para não se ter parte no crime. Quem nasceu com esse pecado original, não tem batismo que o purifique. Os brasileiros são todos responsáveis pela escravidão, segundo aquela teoria, porque a consentem. Não se mostra como o brasileiro, que individualmente a repele, pode destruí-la; nem como as vítimas de um sistema, que as degrada para não reagirem, podem ser culpadas da paralisia moral que as tocou. Os napolitanos foram assim responsáveis pelo bourbonismo, os romanos pelo poder temporal, os polacos pelo czar, e os cristãos-novos pela Inquisição. Mas, fundada ou não, essa é a crença de muitos. E a escravidão, atacada nos mais melindrosos recantos onde se refugiou, no seu entrelaçamento com tudo o que a pátria tem de mais caro a todos nós, ferida, por assim dizer, nos braços dela, levanta contra o abolicionismo o grito de *Traição!*

"Não sei o que possa um escritor público fazer de melhor do que mostrar aos seus compatriotas os seus defeitos. Se fazer isso, é ser considerado antinacional, não desejo furtar-me à acusação." Eu, pela minha parte, ecoo estas palavras de Stuart Mill. O contrário é, talvez, um meio mais seguro de fazer caminho entre nós, devido à índole nacional, que precisa da indulgência e simpatia alheia, como as nossas florestas virgens precisam de umidade; mas nenhum escritor de consciência que deseje servir ao país, despertando os seus melhores instintos, tomará essa humilhante estrada da adulação. A superstição de que o povo não pode errar, a que a história toda é um desmentido, não é necessária para fundar a lei da democracia, a qual vem a ser: que ninguém tem o direito de acertar por ele e de impor-lhe o seu critério.

Quanto à pátria, que somos acusados de mutilar, é difícil definir o que ela seja. A pátria varia em cada homem: para o alsaciano ela está no solo, no *montes patrios et incunabula nostra*, para o judeu é fundamentalmente a raça; para o muçulmano a religião; para o polaco a nacionalidade; para o emigrante o bem-estar e a liberdade, assim como para o soldado confederado foi o direito de ter instituições próprias. O Brasil não é a geração de hoje, nem ela pode querer deificar-se, e ser a pátria para nós, que temos outro ideal. Antônio Carlos foi acusado de haver renegado o seu país, quando aconselhou à Inglaterra que cobrisse de navios as nossas águas para bloquear os ninhos dos piratas do Rio e da Bahia[61], mas quem desconhece hoje que ele, segundo a sua própria frase, *passou à posteridade como o vingador da honra e da dignidade do Brasil?*

Longe de injuriar eu o país, mostrando-lhe que tudo quanto há de vicioso, fraco, indeciso e rudimentar nele provém da escravidão, parece que dessa forma quis converter a instituição segregada, que tudo absorveu, em bode emissário de Israel, carregá-lo com todas as faltas do povo, e fazê-lo desaparecer com elas no deserto. O orgulho nacional procura sempre ter à mão vítimas expiatórias dessas. É melhor que sejam indivíduos; mas a penitência afigura-se mais completa quando são famílias e classes, ou um regime todo.

Não me acusa entretanto a consciência de haver prometido um *millenium* para o dia em que o Brasil celebrasse um jubileu hebraico, libertando todos os servos. A escravidão é um mal que não precisa mais de ter as suas fontes renovadas para atuar em nossa circulação, e que, hoje, dispensa a relação de senhor e escravo, porque já se diluiu no sangue. Não é, portanto, a simples emancipação dos escravos e ingênuos que há de destruir esses germens, para os quais o organismo adquiriu tal afinidade.

A meu ver, a emancipação dos escravos e dos ingênuos, posso repeti-lo porque esta é a ideia fundamental deste livro, é o começo apenas da nossa obra. Quando não houver mais escravos, a escravidão poderá ser combatida por todos os que hoje nos achamos separados em dois campos, só porque há um interesse material de permeio.

Somente depois de libertados os escravos e os *senhores* do jugo que os inutiliza, igualmente, para a vida livre, poderemos empreender esse programa sério de reformas – das quais as que podem ser votadas por lei, apesar da sua imensa importância, são, todavia, insignificantes ao lado das que devem ser realizadas por nós mesmos, por meio da educação, da associação, da imprensa, da imigração espontânca, da religião purificada, de um novo ideal de Estado: reformas que não poderão ser realizadas de um jato, aos aplausos da multidão, na praça pública, mas que terão de ser executadas, para que delas resulte um povo forte, inteligente, patriota e livre, dia por dia e noite por noite, obscuramente, anonimamente, no segredo das nossas vidas, na penumbra da família, sem outro aplauso, nem outra recompensa, senão os da consciência avigorada, moralizada e disciplinada, ao mesmo tempo viril e humana.

Essa reforma individual, de nós mesmos, do nosso caráter, do nosso patriotismo, do nosso sentimento de responsabilidade cívica, é o único meio de suprimir efetivamente a escravidão da constituição social. A emancipação dos escravos é, portanto, apenas o começo de um *Rinnovamento*, do qual o Brasil está carecendo de encontrar o Gioberti e, depois dele, o Cavour.

Compare-se com o Brasil atual da escravidão o ideal de pátria que nós, abolicionistas, sustentamos: um país onde todos sejam livres; onde, atraída pela franqueza das nossas instituições e pela liberdade do nosso regime, a imigração europeia traga, sem cessar, para os trópicos uma corrente de sangue caucásico vivaz, enérgico e sadio, que possamos absorver sem perigo, em vez dessa onda chinesa, com que a grande propriedade aspira a viciar e corromper ainda mais a nossa raça; um país que de alguma forma trabalhe originalmente para a obra da humanidade e para o adiantamento da América do Sul.

Essa é a justificação do movimento abolicionista. Entre os que têm contribuído para ele é cedo ainda para distribuir menções honrosas, e o desejo de todos deve ser que o número dos operários da undécima hora seja tal que se torne impossível, mais tarde, fazer distinções pessoais. Os nossos adversários precisam, para combater a ideia nova, de encará-la em indivíduos, cujas qualidades nada têm que ver com o problema que eles discutem. Por isso mesmo nós devemos combater em toda a parte tendo princípios, e não nomes, inscritos em nossa bandeira. Nenhum de nós pode aspirar à glória pessoal, porque não há glória no fim do século XIX em homens educados nas ideias e na cultura intelectual de uma época tão adiantada como a nossa, pedirem a emancipação de escravos. Se alguns dentre nós tiverem o poder de tocar a imaginação e o sentimento do povo de forma a despertá-lo da sua letargia, esses devem lembrar-se de que não subiram à posição notória que ocupam senão pela escada de simpatias da mocidade, dos operários, dos escravos mesmos, e que foram impelidos pela vergonha nacional a destacarem-se, ou como oradores, ou como jornalistas, ou como libertadores, sobre o fundo negro do seu próprio país mergulhado na escravidão. Por isso eles devem desejar que essa distinção cesse de sê-lo quanto antes. O que nos torna hoje salientes é tão somente o luto da pátria: por mais talento, dedicação, entusiasmo e sacrifícios que os abolicionistas estejam atualmente consumindo, o nosso mais ardente desejo deve ser que não fique sinal de tudo isso, e que a anistia do passado elimine até mesmo a recordação da luta em que estamos empenhados.

A anistia, o esquecimento da escravidão; a reconciliação de todas as classes; a moralização de todos os interesses; a garantia da liberdade dos contratos; a ordem nascendo da cooperação voluntária de todos os membros da sociedade brasileira: essa é a base necessária para reformas que alteiam o terreno político em que esta existiu até hoje. O povo brasileiro necessita de outro ambiente, de desenvolver-se e crescer em meio inteiramente diverso.

Nenhuma das grandes causas nacionais que produziram, como seus advogados, os maiores espíritos da humanidade, teve nunca melhores fundamentos do que a nossa. Torne-se cada brasileiro de coração um instrumento dela; aceitem os moços, desde que entrarem na vida civil, o compromisso de não negociar em carne humana; prefiram uma carreira obscura de trabalho honesto a acumular riqueza fazendo ouro dos sofrimentos inexprimíveis de outros homens; eduquem os seus filhos, eduquem-se a si mesmos, no amor da liberdade alheia, único meio de não ser a sua própria liberdade uma doação gratuita do destino, e de adquirirem a consciência do que ela vale, e coragem para defendê-la. As posições entre nós desceram abaixo do nível do caráter; a maior utilidade que pode ter hoje o brasileiro, de valor intelectual e moral, é educar a opinião (feliz do que chega a poder guiá-la), dando um exemplo de indiferença diante de honras, distinções e títulos rebaixados, de cargos sem poder efetivo. Abandonem assim os que se sentem com força, inteligência e honradez bastante para servir à pátria do modo mais útil, essa mesquinha vereda da ambição política; entreguem-se de corpo e alma à tarefa de vulgarizar, por meio do jornal, do livro, da associação, da palavra, da escola, os princípios que tornam as nações modernas fortes, felizes e respeitadas; espalhem as sementes novas da liberdade por todo o território coberto das *sementes do dragão*[62]; e logo esse passado, a cujo esboroamento assistimos, abrirá espaço a uma ordem de coisas fundada sobre uma concepção completamente diversa dos deveres, quanto à vida, à propriedade, à pessoa, à família, à honra, aos direitos dos seus semelhantes, do indivíduo para com a nação, quanto à liberdade individual, à civilização, à igual proteção a todos, ao adiantamento social realizado, para com a humanidade que lhe dá o interesse e participação – e de fato o entrega tacitamente à guarda de cada um – em todo esse patrimônio da nossa espécie.

Abolicionistas são todos os que confiam num Brasil sem escravos; os que predizem os milagres do trabalho livre, os que sofrem a *escravidão* como uma vassalagem odiosa imposta por alguns, e no interesse de alguns, à nação toda, os que já sufocam nesse ar mefítico, que escravos e senhores respiram livremente; os que não acreditam que o brasileiro, perdida a escravidão, deite-se para morrer, como o romano do tempo dos césares, porque perdera a liberdade.

Isso quer dizer que nós vamos ao encontro dos supremos interesses da nossa pátria, da sua civilização, do futuro a que ela tem direito, da missão a que a chama o seu lugar na América; mas, entre nós e os que se acham atravessados no seu caminho, quem há de vencer? É esse o próprio enigma do destino nacional do Brasil. A escravidão infiltrou-lhe o fanatismo nas veias, e, por isso, ele nada faz para arrancar a direção daquele destino às forças cegas e indiferentes que o estão, silenciosamente, encaminhando.

Notas

1. *Manifesto da sociedade brasileira contra a escravidão.*
2. Esse fato mostra também como a escravidão é a usura da pior espécie, a usura de Shylock exigindo cada onça de carne hipotecada no seu título de dívida. Com efeito, desde que o escravo pode, em qualquer tempo que tenha o seu preço em dinheiro, depositá-lo e requerer a sua liberdade, cada escravo representa apenas uma dívida para com o senhor, que ele não pode pagar e à qual serve de penhor. É assim um escravo da dívida. Aqui entra a usura do modo mais extraordinário e que reclamaria o ferro em brasa de um Shakespeare para ser punida como merece.

    O escravo de um ano, quando passou a lei (1871), podia ser resgatado pela mãe por um preço insignificante; como ela, porém, não tinha esse dinheiro, a *cria* não foi libertada e é hoje um *moleque* (o triste vocabulário da escravidão usado em nossa época, e que é a vergonha da nossa língua, há de reduzir de muito no futuro as pretensões liberais da atual sociedade brasileira), de treze anos, valendo muito mais; em pouco tempo será um *preto* de dobrado valor. Quer isso dizer que a dívida do escravo para com o senhor quadruplicou e mais ainda, porque ele não teve meios de pagá-la quando era menino. Tomemos um escravo moço, *forte e prendado* (na escravidão quanto mais vale física, intelectual e moralmente o homem, mais difícil lhe é resgatar-se, por ser maior o seu preço. O interesse do escravo é assim ser estúpido, estropiado, indolente e incapaz). Esse escravo tinha vinte e um anos em 1871 e valia 1:500$. Não representava capital algum empregado, porque era filho de uma escrava, também *cria* da casa. Suponhamos, porém, que representasse esse mesmo capital e que fora comprado naquele ano. Era ele assim uma letra de 1:500$ resgatável pelo devedor à vista, porquanto lhe bastava depositar essa quantia para ser forro judicialmente. Em 1871, porém, esse homem não tinha pecúlio algum, nem achou quem lhe emprestasse. Durante os doze anos seguintes viu-se na mesma situação

pecuniária. O aluguel, no caso de estar alugado, o serviço não remunerado, no caso de servir em casa, não lhe deixavam sobra alguma para começo de um pecúlio. Nesses doze anos o salário desse homem nunca foi menor de 30$000 por mês (servindo em casa, poupava igual despesa ao senhor), o que dá um total de 4:320$000, desprezados os juros. Deduzido dessa quantia o preço original do escravo, restam 2:820$000 que ele pagou ao senhor por não ter podido pagar-lhe a dívida de 1:500$000 em 1871, além de amortizar toda a dívida sem nenhum proveito para si. Se em 1871 alguém lhe houvesse emprestado aquela soma a juros de doze por cento ao ano para a sua liberdade, ele a teria pago integralmente, dando uma larga margem para doenças e vestuário, em 1880, e estaria hoje desembaraçado. Como não achou, porém, esse banqueiro, continua a pagar sempre juros de mais de vinte por cento sobre um capital que não diminui nunca. Feito o cálculo sobre o capital todo empregado em escravos e o juro desse capital representado pelos salários pagos ou devidos ter-se-á ideia do que é a usura da escravidão. É preciso não esquecer também que grande parte dos escravos é propriedade gratuita, isto é, doação das mães escravas aos seus senhores. A lei de 28 de setembro reduziu a escravidão a uma dívida pignoratícia: os altos juros cobrados sobre essa caução, que é o próprio devedor, fazem dessa especulação o mais vantajoso de todos os empregos de capital. Esse mesmo Estado que não se importa com essa onzena levantada sobre a carne humana e extorquida a ponta do açoite, esteve muito tempo preocupado em conseguir, sobre a sua fiança para os proprietários territoriais, dinheiro a 7% ao ano garantido pela hipoteca desses mesmos escravos.
3. "Escravos negros são tolerados no Brasil e outros domínios; mas por que direito e com que título, confesso ignorá-lo completamente."
4. Estes são os termos do alvará: "Eu el-rei faço saber aos que este Alvará com força de lei virem, que depois de ter obviado pelo outro Alvará de 19 de setembro de 1761 (o qual declarou livres os escravos introduzidos em Portugal depois de certa época) aos grandes inconvenientes que a estes reinos se seguiam de perpetuar

neles a escravidão dos homens pretos, tive certas informações de que em todo o reino do Algarve, e em algumas províncias de Portugal, existem ainda pessoas tão faltas de sentimentos de humanidade e religião, que guardando nas suas casas escravas, *umas mais brancas do que eles, com nome de – pretas e negras – para, pela repreensível propagação delas, perpetuarem os cativeiros* por um abominável comércio de pecados e *de usurpações das liberdades dos miseráveis nascidos daqueles sucessivos e lucrosos concubinatos*; debaixo do pretexto de que os ventres das mães escravas não podem produzir filhos livres conforme o direito civil. E não permitindo nem ainda o mesmo direito civil, *de que se tem feito um tão grande abuso,* que aos descendentes dos escravos em que não há mais culpa que a da sua infeliz condição de cativos, se atenda à infâmia do cativeiro, além do termo que as leis determinam contra os que descendem dos mais abomináveis réus dos atrocíssimos crimes de lesa-majestade divina e humana. E *considerando as grandes indecências que as ditas escravidões inferem aos meus vassalos, as confusões e os ódios que entre eles causam, e os prejuízos que resultam ao Estado de ter tantos vassalos lesos, baldados e inúteis quantos são aqueles miseráveis que a sua infeliz condição faz incapazes para os ofícios públicos, para o comércio, para a agricultura e para os tratos e contratos de todas as espécies.* Sou servido obviar a todos os sobreditos absurdos, ordenando, como por este ordeno: Quanto ao pretérito, que todos aqueles escravos ou escravas, ou sejam nascidos dos sobreditos concubinatos, ou ainda de legítimos matrimônios, cujas mães e avós são ou houverem sido escravas, fiquem no cativeiro em que se acham durante a sua vida somente; *que porém aqueles cujo cativeiro vier das bisavós, fiquem livres e desembargados*, posto que as mães e avós tenham vivido em cativeiro; *que, quanto ao futuro, todos os que nascerem, do dia da publicação dessa lei em diante, nasçam por benefício dela inteiramente livres*, posto que as mães e as avós hajam sido escravas; e que todos os sobreditos, por efeito desta minha paternal e pia providência libertados, *fiquem hábeis para todos os ofícios, honras e dignidades sem a nota distintiva de – libertos – que a superstição dos romanos estabeleceu nos seus costumes, e que a união Cristã e a sociedade civil faz hoje intolerável no meu reino, como o tem sido em todos os outros da Europa*". A data do Alvará é de 16 de janeiro de 1773. Nenhum brasileiro pode ler esse notável documento publicado há mais de um século, sobretudo as frases impressas em itálico, sem reconhecer com pesar e humilhação:

I. Que se esse Alvará fosse extensivo ao Brasil a escravidão teria acabado no começo do século, antes da Independência;

II. Que apesar de ser lei do século passado, e anterior à Revolução Francesa, semelhante Alvará é mais generoso, compreensivo e liberal do que a nossa lei de 28 de setembro: *(a)* porque *liberta inteiramente* desde a sua data os nascituros, e esta os liberta depois dos vinte e um anos de idade; *(b)* porque declara livres e desembargados os bisnetos de escravas, e a lei de 28 de setembro não levou em conta ao escravo sequer as gerações do cativeiro; *(c)* porque isentou *os escravos* que declarou livres da nota distintiva de libertos – "*superstição dos romanos que a união Cristã e a sociedade civil*" fazia já nesse tempo ("*faz hoje*") "*intolerável no reino*", ao passo que a nossa lei de 1871 não se lembrou de apagar tal nódoa, e sujeitou os *libertos* de qualquer de seus parágrafos por cinco anos à inspeção do governo e à obrigação de exibir contrato de serviço sob pena de trabalhar nos estabelecimentos públicos. O Visconde do Rio Branco disse mesmo no Conselho de Estado, antes de ler esse Alvará, cujas palavras qualificou de *memoráveis,* que a lei portuguesa "estendeu este favor (o de declará-los *livres e ingênuos)* aos infantes que fossem libertados no ato de batismo, e aos libertos que se achassem em certas classes", e acrescentou – "o que não se poderia fazer entre nós sem ferir a Constituição do Império". A ser assim, isso mostra somente a diferença entre a compreensão das exigências da união *Cristã* (a Constituição foi feita em nome da Santíssima Trindade) e da sociedade civil que tinha o Imperador constitucional em 1824 e a que tinha o Rei absoluto em 1773.

III. Que hoje apesar de ser a escravidão no Brasil resultado exclusivo, além do tráfico, das mesmas causas apontadas no

Alvará, *das usurpações das liberdades de miseráveis nascidos de sucessivos e lucrosos concubinatos,* da repreensível propagação das escravas, de pretextos tirados do direito civil, *de que se tem feito um tão grande abuso;* e apesar de ser infinitamente maior o número de vassalos (os escravos nem mesmo são hoje assim chamados, isto os faria subir na escala social) ou, seguindo a evolução daquela palavra, de súditos do Chefe do Estado *lesos, baldados e inúteis,* tornados pela sua *infeliz condição incapazes para os tratos e contratos de todas as espécies;* ainda assim essas duras verdades não são mais ditas à escravidão do alto do trono. *A infâmia do cativeiro* continua a recair não sobre o que o inflige, podendo não o infligir, mas sobre o que o sofre, sem poder evitá-lo. Esse alvará antiquado e que deverá ser obsoleto parece representar um período de moralidade pública, religiosa, social e política, muito mais adiantado do que o período, que é o atual, representado pela matrícula geral dos escravos.
5. Até que ponto as ideias conhecidas de José Bonifácio sobre a escravidão concorreram para fechar ao estadista que planejou e realizou a independência a carreira política em seu próprio país, é um ponto que merece ser estudado. Talvez quem empreender esse estudo venha a descobrir que a escravidão não teve pequena parte nesse ostracismo, como também provavelmente foi ela que entregou os nacionalistas pernambucanos ao cadafalso. Em todo o caso, nas seguintes palavras escritas por Antônio Carlos ver--se-á mais um efeito político do regime que, assentando sobre ela, só pode ser o do servilismo e da ingratidão. "Tal foi José Bonifácio, viveu e morreu pobre; não recebeu da sua nação distinção alguma; no Senado que a lei criara para o mérito e a virtude, e onde têm achado assento até o vício, a crápula, a inépcia, a intriga e a traição (não esquecendo o tráfico) não houve nunca um lugar para o criador do Império." "Talvez por isso", acrescenta Antônio Carlos, "mais sobressairá seu nome, como os de Bruto e Cássio mais lembrados eram por não aparecerem suas estátuas nas pompas fúnebres das famílias a que pertenciam". *Esboço biográfico e necrológico do Conselheiro José Bonifácio de Andrada e Silva,* p. 16.

6. Art. 1º da lei de 7 de novembro de 1831.
7. Sobre a questão se o governo devia forrar escravos de particulares para servirem no Paraguai, como soldados, foi este no Conselho de Estado em novembro de 1866 o parecer do Senador Nabuco: "Este meio seria odioso se os escravos fossem tais depois de soldados, se eles continuassem escravos como os oito mil escravos que Roma depois da batalha de Canas comprou e armou. Mas não é assim, os escravos comprados são libertos e por consequência cidadãos antes de serem soldados; são cidadãos-soldados. É a Constituição do Império que faz o liberto cidadão, e se não há desonra em que ele concorra com o seu voto para constituir os poderes políticos, por que haverá em ser ele soldado, em defender a Pátria que o libertou e à qual ele pertence? Assim ao mesmo tempo e pelo mesmo ato se faz um grande serviço à emancipação, que é a causa da humanidade e outro grande serviço à guerra, que *é* a causa nacional [...] Se empregamos os escravos na causa da nossa Independência, por que os não empregaremos nesta guerra?".
8. "As medidas a que o governo recorreu ultimamente, impelido pelas necessidades da guerra, libertando escravos da nação e da coroa, e premiando os cidadãos que ofereciam libertos para o exército, não só deve de ter estimulado os espíritos mais sôfregos por essa reforma, *como também derramado essa esperança por entre os escravos. Todos nós podemos dar testemunho de que estes efeitos se vão sentindo.*" Palavras do Conselheiro Paranhos no Conselho de Estado. Sessão de 2 de abril de 1867. – *Trabalhos sobre a extinção da escravatura no Brasil*, p. 50.
9. "*O elemento servil* no Império não pode deixar de merecer oportunamente a vossa consideração, provendo-se de modo que, respeitada a propriedade atual e sem abalo profundo em nossa primeira indústria – a agricultura – sejam atendidos os altos interesses que se ligam à emancipação."
10. Vide íntegra dos dois documentos. *O Abolicionista,* Rio de Janeiro, 1880, número de novembro.
11. Deu-se em 1870 um fato muito curioso. A Comissão Especial de que era relator o Sr. Teixeira Júnior requereu, e a câmara votou,

que se solicitasse com urgência do governo cópia dos projetos submetidos ao Conselho de Estado em 1867 e 1868 e dos pareceres dos membros do Conselho: A esse pedido responderam os ministros da Justiça (J.O. Nebias) e do Império (Paulino de Sousa) que não havia papéis alguns nas suas respectivas secretarias. No parecer disse a Comissão: "Sob caráter *confidencial* e com recomendação reiterada da *maior reserva* foi mostrada à Comissão por um dos dignos membros do Gabinete uma cópia de quatro atas das sessões do Conselho de Estado e do último projeto ali examinado. Nestas condições, pois, a Comissão não pode revelar nenhuma das opiniões exaradas nesses documentos". Art. 7 da lei de 15 de outubro de 1827: "Os conselheiros de estado são responsáveis pelos conselhos que derem etc.". Os grifos são do parecer.

12. Não sou suspeito falando dessa lei. Além de ter pessoalmente particular interesse no renome histórico do Visconde do Rio Branco, ninguém contribuiu mais para preparar aquele ato legislativo e mover a opinião em seu favor do que meu pai, que de 1866 a 1871 fez dele a sua principal questão política. "No Conselho de Estado", disse no Senado, em 1871, Sr. F. Octaviano, falando do senador Nabuco, "na correspondência com os fazendeiros, e na tribuna por meio de eloquentes discursos, foi ele que fez a ideia amadurecer e tomar proporções de vontade nacional". Em todo esse período em que a resolução conhecida do imperador serviu de núcleo à formação de uma força constitucional capaz de vencer o poder da escravidão. Isto é, de 66 a 71, aquele estadista, como Sousa Franco, Octaviano, Tavares Bastos, preparou o Partido Liberal, ao passo que São Vicente e Sales Torres-Homem prepararam o Partido Conservador para a reforma, à qual coube ao Visconde do Rio Branco a honra de ligar merecidamente o seu nome com o aplauso de todos eles.

13. "Há de acontecer o que prevejo; se passar a proposta do governo, a emancipação estará feita no país dentro de um ou dois anos *(Apoiados)*. O Sr. Andrade Figueira: E eles sabem disto. O Sr. C. Machado: É a véspera do dia da emancipação total. O Sr. Andrade Figueira: O Sr. Presidente do Conselho declarou no seu

parecer no Conselho de Estado que esta seria a consequência." – Discurso do Sr. Almeida Pereira na Câmara dos Deputados em agosto de 1871.

14. A respeito de um desses editais, tive a honra de dirigir um protesto ao Visconde de Paranaguá, presidente do Conselho, no qual dizia: "A lei de 7 de novembro de 1831 está de fato revogada; chegou o momento de o governo mostrar que essa não pode ser a sorte da lei de 28 de setembro de 1871. É preciso impedir esse *tráfico de ingênuos* que desponta. Não é abafando escândalos dessa ordem que se o pode conseguir. Esse edital de Valença abre uma página tristíssima na história do Brasil, e cabe a V. Ex. rasgá-la quanto antes. A começar a venda, por editais ou sem eles, dos serviços dos ingênuos, a lei de 28 de setembro de 1871 será em breve reputada pelo mundo como de todas a mais monstruosa mentira a que uma nação jamais recorreu para esconder um crime. A questão é a seguinte: *Podem ou não os ingênuos ser vendidos?* Pertence ao governo salvar a dignidade de toda essa imensa classe criada pela lei de 28 de setembro".

15. O ilustre chefe liberal acreditava assim que, na sessão legislativa de 1879, poder-se-ia "decretar a extinção total da escravidão" para o 1º ou 2º quinquênio de 1880-1890.

16. Num projeto apresentado a 17 de maio de 1865 o Visconde de Jequitinhonha propôs, entre outras medidas, o prazo de quinze anos para a abolição da escravidão civil no Brasil. Esse prazo, caso fosse adotado, teria acabado a escravidão em 1880. Dois anos depois, porém, no Conselho de Estado, pronunciando-se sobre o prazo Pimenta Bueno (até ao fim do século) aquele estadista condenou-o, tendo-se decidido a adotar o sistema da liberdade dos que nascessem depois da lei promulgada. Jequitinhonha, de quem disse o visconde de Jaguari, "foi ele o primeiro homem de Estado que se empenhou pela emancipação dos escravos entre nós" – a homenagem seria mais justa dizendo-se: no Segundo Reinado – era um abolicionista convicto, franco e declarado. Na questão extravagante todavia, que mais ocupou o Conselho de Estado: – se os filhos livres de mãe escrava seriam *ingênuos* ou *libertos?* – e na qual o princípio: o parto segue o ventre,

representou tão importante papel, aquele estadista deixou-se enlear por uma teia de aranha do romanismo, e uniu-se aos que queriam declarar liberto a quem nunca havia sido escravo. Esses e outros erros, porém, em nada diminuem o renome abolicionista de Montezuma, cuja atitude em frente à escravidão sempre foi a de um adversário convencido de que ela era literalmente, na sua frase, "o cancro" do Brasil.

17. Nabuco, discurso na discussão do projeto de lei sobre o elemento servil.
18. "A não se seguir o plano que acabo de indicar (o de não se fazer absolutamente nada) não vejo providência que não ponha o Estado em convulsão [...] Uma só palavra que deixe perceber a ideia de emancipação, por mais adornada que ela seja", – isto é, disfarçada –, "abre a porta a milhares de desgraças". *Trabalho sobre a extinção da escravatura no Brasil,* p. 38 e 41.
19. José de Alencar, ministro do gabinete Itaboraí, denunciou aquele período de gestação em termos que hoje, em vez de serem uma censura, fazem honra a Dom Pedro II. "Não se trata", disse o notável escritor cearense, o qual nessa questão se deixou guiar, não pelos seus melhores sentimentos, mas por prevenções pessoais, "de uma lei, trata-se de uma conjuração do poder. Desde 1867 que o poder conspira, fatigando a relutância dos estadistas chamados ao governo, embotando a resistência dos partidos; desde 1867 que se prepara nas sombras este golpe de Estado, que há de firmar no país o absolutismo ou antes desmascará-lo". Que a ação individual do imperador foi empregada, sobretudo depois de 1845 até 1850, em favor da supressão do tráfico, resultando naquele último ano nas medidas de Eusébio de Queirós, e de 1866 a 1871 em favor da emancipação dos nascituros, resultando nesse último ano na Lei Rio Branco, é um fato que o imperador, se quisesse escrever memórias e contar o que se passou com os diversos gabinetes dos dois períodos; poderia firmar historicamente com um sem-número de provas. A sua parte no que se tem feito é muito grande, e quase a essencial, porquanto ele poderia ter feito o mesmo com outros homens e por outros meios, sem receio de revolução. O que eu digo, porém,

é que se Dom Pedro II, desde que subiu ao trono, tivesse como norte invariável do seu reinado o realizar a abolição como seu pai realizou a independência, sem exercer mais poder pessoal do que exerceu, por exemplo, para levar a Guerra do Paraguai até à destruição total do governo de López, a escravidão já teria a esta hora desaparecido do Brasil. É verdade que, se não fosse o imperador, os piores traficantes de escravos teriam sido feitos condes e marqueses do Império, e que Sua Majestade sempre mostrou repugnância pelo tráfico e interesse pelo trabalho livre; mas comparado à soma do poder que ele ou exerce ou possui, o que se tem feito em favor dos escravos no seu reinado, já de quarenta e três anos, é muito pouco. Basta dizer que ainda hoje a capital do Império é um mercado de escravos! Veja-se por outro lado o que fez o Czar Alexandre II, dentro de seis anos de reinado. Não temos que nos incomodar com os que nos chamam contraditórios porque fazemos apelo ao imperador sendo opostos, pelo menos na maior parte, ao *governo pessoal*. O uso do prestígio e da força acumulada que o imperador representa no Brasil, em favor da emancipação dos escravos, seria no mais lato sentido da palavra expressão da vontade nacional. Com a escravidão não há governo livre, nem democracia verdadeira: há somente governo de casta e regime de monopólio. As senzalas não podem ter representantes, e a população avassalada e empobrecida não ousa tê-los.

20. Esses navios chamados *túmulos flutuantes*, e que o eram em mais de um sentido, custavam, relativamente, nada. Uma embarcação de cem toneladas, do valor de sete contos, servia para o transporte de mais de 350 escravos (Depoimento de Sir Charles Hotham, adiante citado, sec. 604). O custo total do transporte desse número de escravos (navios, salários da equipagem, mantimentos, comandantes etc.) não excedia de dez contos de réis, ou, em números redondos, trinta mil réis por cabeça *(O mesmo,* sec. 604-611). Um brigue de 167 toneladas capturado tinha a bordo 852 escravos, outro de 59, quatrocentos. Muitos desses navios foram destruídos depois de apresados como impróprios para a navegação.

21. "Sendo £6 o custo do escravo em África, e calculando sobre a base de que um sobre três venha a ser capturado, o custo de transportar os dois outros seria £9 por pessoa, £18, às quais devem-se acrescentar £9 da perda do que foi capturado, perfazendo no Brasil o custo total dos dois escravos transportados £27 ou £13 10s por cabeça. Se o preço do escravo ao desembarque é £60 haverá um lucro, não obstante a apreensão de um terço e incluindo o custo dos dois navios, que transportam os dois terços, de 46 10s por cabeça? – Eu penso assim." Depoimento de Sir Charles Hotham, comandante da Esquadra inglesa na África Ocidental. Abril, 1849. *First Report from the Select Committee* (House of Commons), 1849, § 614. O meu cálculo é esse mesmo tomando £40 como preço médio do africano no Brasil.

22. Discurso de 16 de julho. A essas causas deve acrescentar-se a nostalgia, segundo depoimentos oficiais.

23. *A emancipação dos escravos*. Parecer de C.B. Ottoni, 1871, p. 66-68.

24. Sessão de 22 de novembro de 1880, discurso do Sr. Moreira de Barros. – *Jornal do Comércio* de 23 de novembro.

25. *Manifesto da sociedade brasileira contra a escravidão*.

26. § 360. Esta é a nota que acompanha o parágrafo: "Este princípio, indicado pela natureza e conhecido dos jurisconsultos romanos, foi todavia desprezado durante séculos pelos povos, com grande prejuízo próprio. Sendo a escravidão contra a natureza procurava-se na Antiguidade justificá-la, fundando-a no uso admitido por todas as nações. A civilização europeia atenuou esse abuso vergonhoso de poder, que se decorava com o nome de propriedade e se assimilava à propriedade sobre animais domésticos; a escravidão foi abolida, e o direito natural do homem acabou por triunfar. A servidão foi abolida na Itália, na Inglaterra, na França, mais tarde na Alemanha, e em nossos dias na Rússia. Formou-se assim pouco a pouco um *Direito europeu* proibindo a escravidão na Europa, e elevando a liberdade pessoal à classe do direito natural do homem. Os Estados Unidos da América do Norte, tendo-se pronunciado igualmente contra a escravidão dos negros, e havendo constrangido os Estados recalcitrantes a

conceder a liberdade individual e os direitos políticos aos homens de cor, e tendo o Brasil, em 1871, assentado as bases legais da libertação dos escravos, esse direito humanitário penetrou na América e é hoje reconhecido por todo o mundo cristão. A civilização chinesa havia proclamado desde há muito esse princípio na Ásia Oriental. Não se deverá mais no futuro deixar os Estados, sob pretexto de que são soberanos, introduzir ou conservar a escravidão no seu território; dever-se-á, entretanto, respeitar as medidas transitórias tomadas por um Estado para fazer os escravos chegarem gradualmente à liberdade. A soberania dos Estados não se pode exercer de modo a anular o direito mais elevado, e mais geral da humanidade, porque os Estados são um organismo humano, e devem respeitar os direitos em toda a parte reconhecidos aos homens". *Le Droit International Codifié,* tradução de M.C. Lardy, 2. ed. Nesta nota se diz com razão que o mundo civilizado não deve empregar a sua força coletiva contra um país, como o Brasil, que já tomou medidas transitórias e em princípio condenou a escravidão; mas, enquanto esta durar, está claro que continuaremos a *exercer* a nossa *soberania* para *anular o direito mais elevado e mais geral da humanidade:* a liberdade pessoal.
27. Infelizmente, seja dito de passagem, o comércio e os mercados de escravos existem ainda (1883) em nossas capitais, sob as vistas dos estrangeiros, sem limitação nem regulamento algum de moralidade, tão livres e bárbaros como nos viveiros da África Central que alimentam os haréns do Oriente.
28. "Valença. Praça. Em praça do juízo da provedoria deste termo que terá lugar no dia 26 de outubro do corrente ano, no paço da Câmara Municipal desta cidade, depois da audiência do costume, e de conformidade com o Decreto n. 1.695 de 15 de setembro de 1869, serão arrematados os escravos seguintes" – segue-se a lista de mais de cem escravos, da qual copio os seguintes *itens:* – "Joaquim, Mina, quebrado, 51 anos, avaliado por 300$; Agostinho, preto, morfético, avaliado por 300$; Pio, Moçambique, tropeiro, 47 anos, avaliado por 200$; Bonifácio, Cabinda, 47 anos, doente, avaliado por 1:000$; Marcelina, crioula, dez anos,

filha de Emiliana, avaliada por 800$; Manuel, Cabinda, 76 anos, cego, avaliado por 50$; João, Moçambique, 86 anos, avaliado por 50$", seguem-se as avaliações dos serviços de diversos ingênuos também postos em almoeda. Nesse edital são oferecidos africanos importados *depois* de 1831, crianças nascidas *depois* de 1871, cegos, morféticos e velhos de mais de oitenta anos, e por fim *ingênuos* como tais. É um resumo da escravidão, em que nenhuma geração foi esquecida e nenhum abuso escapou, e por isso merece ser arquivado como um documento de paleontologia moral muito precioso para o futuro. Em Itaguaí acaba-se de pôr em praça judicial um escravo anunciado desta forma: Militão, de cinquenta anos, está doido, avaliado por 100$. Edital de 23 de abril de 1883.

29. A escravidão nos coloca muitas vezes em dificuldades exteriores mal conhecidas aliás do país – apesar de conhecidas nas chancelarias estrangeiras. Uma dessas ocorreu com a França a propósito da celebração de um tratado de extradição de criminosos. Em 1857 não se pôde celebrar um tal tratado porque o Brasil fez questão da devolução de escravos prófugos. Em 1868 tratou-se novamente de fazer um tratado, e surgiu outra dificuldade: a França exigia que se lhe garantisse que os escravos cuja extradição fosse pedida seriam tratados como os outros cidadãos brasileiros. "Não fiz menção no projeto, escrevia o Sr. Paranhos ao Sr. Roquette, transmitindo-lhe um projeto de tratado, dos casos relativos a escravos porque não havia necessidade, uma vez que entram na regra geral. *Demais tenho grande repugnância em escrever essa palavra em documento internacional.*" O governo francês, porém, tinha também a sua honra a zelar, não partilhava essa repugnância, e precisava de garantir a sorte dos antigos escravos que extraditasse. Daí a insistência do Sr. Gobineau em ter um protocolo estabelecendo que, quando se reclamasse a extradição de um escravo, o governo francês teria inteira faculdade de conceder ou recusar a entrega do acusado, examinando cada caso, pedindo as justificações que lhe parecessem indispensáveis. Semelhante protocolo, declarou ainda o ministro de Napoleão III, não constituiria uma cláusula secreta, mas, sem ter nenhuma intenção de dar-lhe publicidade inútil, a

França conservaria toda liberdade a esse respeito. Esse documento nunca foi publicado, que me conste. Até quando teremos uma instituição que nos obriga a falsificar a nossa Constituição, as nossas leis, tratados, estatísticas e livros, para escondermos a vergonha que nos queima o rosto e que o mundo inteiro está vendo?

30. Em 1852 o Conselho de Estado teve que considerar os meios de proteger o escravo contra a barbaridade do senhor. Diversos escravos no Rio Grande do Sul denunciaram o seu senhor comum pela morte de um dos escravos da casa. O senhor fora preso e estava sendo processado, e tratava-se de garantir os informantes contra qualquer vingança futura da família. A seção de justiça propôs que se pedisse ao Poder Legislativo uma medida para que a ação do escravo, em caso de sevícias, para obrigar o senhor a vendê-lo, fosse intentada *ex officio*. O Conselho de Estado (Olinda, Abrantes, José Clemente, Holanda Cavalcanti, Alves Branco e Lima e Silva) votou contra a proposta da seção (Limpo de Abreu, Paraná, Lopes Gama) "por ter em consideração o perigo que pode ter o legislador sobre a matéria, pondo em risco a segurança, ou ao menos a tranquilidade da família; por convir nada alterar a respeito da escravidão entre nós, conservando-se tal qual se acha; e por evitar a discussão no Corpo Legislativo sobre quaisquer novas medidas a respeito de escravos, quando já se tinha feito quanto se podia e convinha fazer na efetiva repressão do tráfico". Paraná cedeu à maioria, Araújo Viana também, e os conselheiros Maia, Lopes Gama e Limpo de Abreu formaram a maioria. É justo não omitir que Holanda Cavalcanti sugeriu a desapropriação do escravo seviciado, pelo governo e o Conselho de Estado. O imperador deu razão à maioria. As ideias de 1852 são as de 1883. Era tão perigoso então, por ser igualmente inútil, queixar-se um escravo às autoridades como o é hoje. O escravo precisa ter para queixar-se do senhor a mesma força de vontade e resolução que para fugir ou suicidar-se, sobretudo se ele deixa algum refém no cativeiro.

31. No Conselho de Estado foi proposta a revogação do artigo 60 do *Código Criminal* que criou a pena de açoites e a da lei de 10 de junho. Sustentando uma e outra abolição, iniciada pela

Comissão da qual era relator, o Conselheiro Nabuco fez algumas considerações assim resumidas na ata da sessão de 30 de abril de 1868: "O Conselheiro Nabuco sustenta a necessidade da abolição da lei excepcional de 10 de junho de 1835. Que ela tem sido ineficaz está provado pela estatística criminal; os crimes que ela previne têm aumentado. É uma lei injusta porque destrói todas as regras da imputação criminal, toda a proporção das penas, porquanto os fatos graves e menos graves são confundidos, e não se consideram circunstâncias agravantes e atenuantes, como se os escravos não fossem homens, não tivessem paixões e o instinto de conservação. Que a pena de morte, e sempre a morte, não é uma pena exemplar para o escravo que só vê nela a cessação dos males da escravidão. Que o suicídio frequente entre os escravos, e a facilidade com que confessam os crimes, e se entregam depois de cometê-los, provam bem que eles não temem a morte". "Diz que a pena de açoites não pode existir na nossa lei penal, desde que a Constituição, artigo 179, § 19, aboliu esta pena e a considerou pena cruel. É um castigo que não corrige, mas desmoraliza. É além disto uma pena que não mantém o princípio da proporção das penas, sendo que o mesmo número de açoites substitui a prisão perpétua, a prisão por trinta, vinte e dez anos. As forças do escravo é que regulam o máximo dos açoites e pois o máximo vem a ser o mesmo para os casos graves e os mais graves. Que a execução dessa pena dá lugar a muitos abusos, sendo que em muitos casos é iludida, em outros tem causado a morte." O Barão do Bom Retiro disse combatendo a abolição da pena de açoites: "Abolida a de açoites ficarão as penas de galés e de prisão com trabalho, e pensa que nenhuma destas será eficaz com relação ao escravo. Para muitos, a de prisão com trabalho, sendo este, como deve ser, regular, *tornar-se-á até um melhoramento de condição senão um incentivo para o crime*". Aí está a escravidão como ela é! O suicídio, a morte parecem ao escravo a *cessação dos males da escravidão,* a prisão com trabalhos *um melhoramento de condição* tal que pode ser *um incentivo para o crime!* No entanto nós, nação humana e civilizada, condenamos mais de um milhão de homens, como

foram condenados tantos outros, a uma sorte ao lado da qual a penitenciária ou a forca parece preferível!
32. A preferência que muitos escravos dão à vida de galés à que levam nos cárceres privados induziu o governo em 1879 (o Conselheiro Lafayette Rodrigues Pereira) a propor a substituição da pena de galés pela prisão celular. Tranquilizando aqueles senadores que se mostravam assustados quanto à eficácia desta última pena, o presidente do Conselho convenceu-os com este argumento: "Hoje está reconhecido que não há pessoa ainda a mais robusta que possa resistir a uma prisão solitária de dez a doze anos, o *que quase equivale a uma nova pena de morte*".
33. Discurso de Boston (outubro, 1862).
34. Padre Manuel da Nóbrega. No seu romance abolicionista *Os herdeiros de Caramuru,* o Dr. Jaguaribe Filho, um dos mais convictos propugnadores da nossa causa, transcreve a carta daquele célebre jesuíta, de 9 de agosto de 1549, em que se vê como foi fabricada pela escravidão a primitiva célula nacional.
35. OLIVEIRA MARTINS. *O Brasil e as colônias.* 2. ed., p. 50.
36. *Garantia de juros*, p. 202.
37. "O antigo e vicioso sistema de sesmarias e do direito de posse produziu o fenômeno de achar-se ocupado quase todo o solo por uma população relativamente insignificante, que o não cultiva nem consente que seja cultivado. O imposto territorial é o remédio que a comissão encontra para evitar esse mal, ou antes abuso, que criou uma classe proletária no meio de tanta riqueza desaproveitada." Essa *classe proletária* é a grande maioria da nação. Parecer de uma comissão nomeada em 1874 para estudar o estado da lavoura na Bahia, assinado em primeiro lugar pelo Barão de Cotegipe.
38. *Comissão do madeira,* pelo Cônego F. Bernardino de Sousa, p. 130.
39. *Comissão do madeira*, p. 132.
40. "Em regra o fazendeiro enxerga no colono ou agregado, a quem cede ou vende alguns palmos de terreno, um princípio de antagonismo, um inimigo que trabalha por lhe usurpar a propriedade; que lhe prepara e tece rixas e litígios; que lhe seduz os escravos

para fugir, roubar-lhe os gêneros de fazenda e vendê-los, a resto de barato, à taberna do mesmo ex-agregado estabelecido, que assim se locupleta com a jactura alheia. O resultado disto é que o trabalhador, perdendo a esperança de se tornar proprietário, não se sujeita a lavrar os campos da fazenda, nem a lhe preparar os produtos." Parecer das comissões de Fazenda e especial da Câmara dos Deputados sobre a criação do crédito territorial (1875), p. 21.

41. Citado em *England, the United States, the Southern Confederacy* por F.W. Sargent, 110.
42. *Memória sobre o clima e secas do Ceará*, pelo Senador Pompeu, p. 42.
43. *Miscelânea econômica*, p. 36.
44. Mommsen. *História romana.* Livro V, cap. XI.
45. Antônio Cândido, sessão de 8 de janeiro de 1881 (Câmara dos Deputados de Portugal).
46. *Congresso agrícola do Recife,* p. 323-324, observações do Sr. A. Vítor de Sá Barreto.
47. A seguinte distribuição dos eleitores do Município Neutro em 1881 mostra bem qual é a representação de operários que temos. Dos 5.928 eleitores que representavam a capital do país, havia 2.211 empregados públicos, civis ou militares, 1.076 negociantes ou empregados do comércio, 516 proprietários, 398 médicos, 211 advogados, 207 engenheiros, 179 professores, 145 farmacêuticos, 236 *artistas,* dividindo-se o resto por diversas profissões, como clérigos (76), guarda-livros (58), despachantes (56), solicitadores (27) etc. Esses algarismos dispensam qualquer comentário.
48. O Clube da Lavoura e Comércio de Taubaté, por exemplo, incumbiu uma comissão de estudar a lei de locação de serviços, e o resultado desse estudo foi um projeto cujo primeiro artigo obrigava a contratos de serviços todo o nacional de *doze anos* para cima que fosse encontrado sem ocupação honesta. Esse nacional teria a escolha de ser *recrutado* para o exército, ou de contratar seus serviços com algum lavrador *de sua aceitação.* O art. 6º dispunha: "O locador que bem cumprir seu contrato

durante os cinco anos terá direito, afinal, a um prêmio pecuniário que não excederá de 500$000. § 1º. Este prêmio será pago pelo governo em dinheiro ou em apólice da dívida pública". A escravidão tem engendrado tanta extravagância que não sei dizer se essa é a maior de todas. Mas assim como Valença se obstina em ser a Esparta, a Corte a Delos, a Bahia a Corinto, dir-se-á, à vista desse prêmio de 500$, que se quer fazer de Taubaté, que J.M. de Macedo nos descreve como "antiga, histórica e orgulhosa do seu passado", – a Beócia, da escravidão.

49. Consultas do Conselho de Estado sobre Negócios Eclesiásticos. Consulta de 18 de junho de 1864.
50. Há pessoas de má-fé que pretendem que, sem propaganda alguma, pela marcha natural das coisas, pela mortalidade e liberalidade particular, uma propriedade que no mínimo excede em valor a quinhentos mil contos se eliminará espontaneamente da economia nacional se o Estado não intervier. Há outras pessoas também, capazes de reproduzir a multiplicação dos pães, que esperam que os escravos sejam todos resgatados em vinte anos pelo Fundo de Emancipação cuja renda anual não chega a dois mil contos.
51. "O resultado há sido este: em onze anos o Estado não logrou manumitir senão onze mil escravos, ou a média anual de mil, que equivale aproximadamente 0,7% sobre o algarismo médio da população escrava existente no período de 1871 a 1882. É evidentemente obra mesquinha que não condiz à intensidade de intuito que a inspirou. Com certeza, ninguém suspeitou em 1871 que, ao cabo de tão largo período, a humanitária empresa do Estado teria obtido este minguado fruto." *Jornal do Comércio,* artigo editorial de 28 de setembro de 1882.
52. Noah Webster, Junior. *Effects of Slavery on Morals and Industry.* Hartford (Connecticut), 1793.
53. Em 1861 (antes da guerra) a colheita do algodão era de 3.650.000 fardos; em 1871 foi 4.340.000 fardos e em 1881, 6.589.000. Em dois anos o Sul produziu 12.000.000 de fardos. "O Sul está também adiantando-se, diz o *Times,* na manufatura de instrumentos agrícolas, couros, *wagons,* mercearia, sabão, amido etc., e estes

produtos com o crescimento do comércio de algodão, açúcar, fumo, arroz, trigo, e provisões para a marinha, hão de aumentar materialmente a riqueza dos diversos Estados. Como corolário natural desse surpreendente progresso os lavradores se estão tornando mais ricos e mais independentes, e em alguns dos Estados do Sul se está fazendo um grande esforço para impedir a absorção das pequenas lavouras pelas maiores." Por outro lado, o professor E.W. Gilliam pretende que a raça negra aumentou nos últimos dez anos à razão de 34% enquanto que a branca aumentou cerca de 29%. Ele calcula que dentro de um século haverá nos Estados do Sul 192 milhões de homens de cor.

54. *Tentativas centralizadoras do governo liberal,* pelo Senador Godói, de São Paulo. Nesse opúsculo há o seguinte cálculo dos braços empregados na lavoura das províncias de Minas, Ceará, São Paulo, Bahia, Pernambuco e Rio de Janeiro: livres, 1.434.170; escravos, 650.540. Braços livres válidos, desocupados, de 13 a 45 anos, 2.822.583.

55. *The Southern Standard,* citado na conferência sobre *A condição da América,* de Theodore Parker (1854).

56. Eis um trecho da notícia em que um informante descreve no *Jornal do Comércio* a recepção feita ao Dr. Avellaneda, ex--presidente da República Argentina, por um dos nossos principais fazendeiros, um *líder* da classe, e um dos homens mais esclarecidos que ela possui, o Sr. Barão do Rio Bonito: "Entrando-se, deparava-se com um verdadeiro bosque semeado de lanternas venezianas, escudos alegóricos, com dísticos onde se liam, por exemplo: *Aos promotores da indústria, salve! A fraternidade dos povos é um sorriso de Deus* etc. Formou-se então uma quadrilha dentro de um círculo gigantesco formado pelos quatrocentos escravos da fazenda, os quais ergueram entusiásticos vivas aos seus carinhosos senhores". Com a lembrança recente dessa festa brasileira e desse contraste da *fraternidade* dos povos com a escravidão, o Dr. Avellaneda terá lido com dobrado orgulho de argentino os seguintes trechos da última mensagem do seu sucessor: "Em 1881 chegaram 32.817 imigrantes, e em 1882 entraram em nossos portos 51.503 [...] Esta marcha progressiva

da Imigração é puramente espontânea. Uma vez votados fundos que se destinem a esse objeto; realizados, como sê-lo-ão em breve, os projetos de propaganda para que concorrestes no ano passado com a vossa sanção, e desde que formos assim melhor conhecidos nesses grandes viveiros de homens da Europa; oferecida a terra em condições vantajosas, e mantida, sobretudo, a situação de paz que nos rodeia, a imigração acudirá às nossas plagas em massas compactas, que, por mais numerosas que se apresentem, encontrarão amplo espaço e generosa compensação ao seu trabalho". – *Mensaje,* de maio de 1883, p. 31 e 32. Guardando nós a escravidão, e tendo a República Argentina paz, esta será dentro de vinte anos uma nação mais forte, mais adiantada e mais próspera do que o Brasil, e o seu crescimento e a natureza do seu progresso e das suas instituições exercerá sobre as nossas províncias do Sul o efeito de uma atração desagregante que talvez seja irresistível.
57. *Times* de 7 de janeiro de 1861.
58. *Antiguidade de Israel,* tradução de H.S. Solly.
59. *Does the Bible sanction American Slavery?*
60. Victor Schoelcher.
61. *Cartas do solitário, carta XI.*
62. Mommsen.

lepmeditores
www.lpm.com.br
o site que conta tudo

IMPRESSÃO:

PALLOTTI
GRÁFICA

Santa Maria - RS | Fone: (55) 3220.4500
www.graficapallotti.com.br